ちゃんと泣ける子に育てよう

親には子どもの感情を育てる義務がある

はじめに

子どもは親にとっての宝です。
子どもはたくさんの喜びと豊かさを私たちに与えてくれます。
でも同時に、たくさんの不安と苦しみをもまた私たちに与えてくれます。
それは子どもがはてしなく大切な存在であるがゆえに起こる感情でもあります。
どうしてこんなにも、わが子は親である私たちの心をゆさぶるのでしょう。

親には子どもの感情を育てる義務があります。
それは子どもを生んだ以上、義務です。
義務は強い言葉ですが、あえてそう言おうと思いました。
義務を果たすためには、親が親として覚悟を決める必要があります。
親として子どもを愛する、という覚悟です。

これは当たり前のことのようですが、実はとてもむずかしい。
親を癒してくれる存在として、子どもを愛している場合や、
親の自尊心を満たすために、子どもを愛している場合には、
義務を果たせないからです。

小学生という幼い年齢の子どもたちによる、
これまでの常識では考えられないような事件が発生するなど、
幼い子どもたちの感情の発達は、確かに危機的な状況にあると言えます。
そしてその危機は、残念なことに、決して他人事ではなくて、
一生懸命よい子に育てたいと思って、ごくふつうに子育てをしている
そういう親子関係の中にも起こっているのです。

親たちはこんなにも一生懸命に子どもを愛しているのに、
残念ながら、子どもたちの感情の発達は危機に瀕しており、
思いやりのある子、優しい子に育ってほしいと願えば願うほど、
子どもたちは感情をコントロールできない子どもに育ってしまう。

それが、いまの時代の子育ての現実なのです。

この本は、いま、一生懸命子育てをしているお母さん、お父さんたちに読んでいただくために書きました。第5章から読んでいただくと、この本が何のために書かれたものなのかをご理解いただけることと思います。

第1章、第2章、第4章は、親ごさんといっしょにお話をしているという設定を創作して書いてみました。

第3章は、小学校の先生とお話をしているという設定にしてみました。

このような対話の形式にすることで、読者の方が、ご自分の疑問とも重ねながらお読みいただければいいなと思っています。

そして、第5章には、私の思いを記しました。

大切なお子さんが、すこやかに育つために、お役に立てることを切に願っています。

ちゃんと泣ける子に育てよう

目次

第3章 学校でみられる子どもたちの危機の姿 97

第4章 いまから親にできること 153

第5章 大人の義務と責任

第1章　感情はどのようにして育つのか?

1 「よい子」に育てたいという願いの中で

ゆうたくんとあゆみちゃんは三歳です。

ゆうたくんとあゆみちゃんのママとパパといっしょに、感情はどのようにして育つのかについてお話したいと思います。

ゆうたママ　「親には感情を育てる義務がある」って、言われても……感情ってどうやって育てるのですか？　がまんづよい子に育てればいいってことかしら？

子どもが生まれたら、よい子に育てたいって、ふつうみんな思います。よい子に育てたいと思ったら、がまんづよい子になってほしいって、ふつうそう思います。

ところが、それが大きな誤解なのです。ふつう一般的に「がまんづよい子」と言った場合、感情を出さない子、つまり、すぐに泣いたり、怒ったり、ふくれたり、すねたりしない子をイメージしますよね。そういう子のほうが、よい子って評価されるわけですから。

でも、感情を育てるってことは、感情を出さない子に育てることではないんです。むしろ、ちゃんと感情を出せる子に育てることなのです。

ゆうたママ　でも、すぐに泣いたり、怒ったり、ふくれたり、すねたりされたら、困るし……。そんなふうにさせたら、あの親はちゃんとしつけていないって思われるし、いくら小さくても、ちゃんと場をわきまえたふるまいをしてくれないと……。

そう、まわりからどう見られるかってことで、親ごさんたちはとっても不安になりますよね。自分がちゃんと子どもをコントロールできていないということは、「親としてちゃんとできていない」と評価されるのではないかって、いつも、そういう不安がつきまとうんですね。

ゆうたママ　だって、私の母も姑もみんな、親がしっかりしていれば、子どもはよい子に育つと思っているし、ちょっとでもうちの子が他の子より劣っているようなところがあると、「あなた、ちゃんと教えているの？」って言われて、すごいプレッシャーを感じます。
おまけに、姑は「私は子どもをそんなふうにわがままに育てなかった」って、まるで私がすごくわがままに育てているみたいな言い方をするから、子どもが泣いたり、怒ったりして、よい子にしていてくれないと、私がだめな母親にされちゃうみたいで……。

そうなのよね。だから、親ごさんたちは子どもが自由に感情を表出するってことに対して、とっても怖くなってしまっていて、幼いうちから、聞き分けのよい子を求めてしまう傾向が強くなるのですよね。

あゆみママ　「ちゃんと泣ける子に育てよう」と言われても、私は、あゆみが泣くと怖いです。どうしたらいいのかわかんなくなっちゃって、頭真っ白になっちゃうし、すごく無力感を感じてしまう。だから、泣かせないように先へ先へと手を打ってしまうの。過保護になっちゃうかなって気になりながら。でも、泣かせないためには仕方ないかなって……。

ゆうたママ　私は逆で「どうして泣くの!!」と、すごく怒ってしまって、それでもっと泣かせているわけだけど……。はっと気づくと、自分が「きれている」と思って、自己嫌悪です。

パパたちはどうですか？

パパたちから見ると、「子どもの感情を育てる」って、どういうことだと思いますか？


ゆうたパパ　ぼくは子どもなんて、基本的に放っておけば育つと思っているわけで、母親はちょっと神経質なんじゃないかって思いますよ。

「ちゃんと泣ける子に育てよう」って言うのは、どういう意味なのかな？

そもそも泣かせないことが大事なんじゃないかって思うけど？

自分の場合、泣いているときは、基本的に放っています。自分も放っておかれて育っているので、特に父親には何かをしてもらったとかいうこともないし……。

だから、父親の役割とか言われると、何を期待されているのかわからなくて、困ります。いまは、父親がちゃんと子育てをしないと批判される時代ですからね、

あゆみパパ　そういう意味では、どうすればいいのかわからなくて、困っているわけです。
ぼくは、逆に、父親には厳しく育てられましたから、父親はがつんとやることが役割だと思っているし、心なんてものは、厳しくされることで育つものだと思っています。

ただうちの子は女の子のせいか、厳しくすると、フリーズしちゃって、ボーッとした顔になっちゃうものですから、女の子ってものはむずかしいなぁと……。厳しくするだけじゃ育たないのかなって、不安に思いはじめているのも事実です。

なるほど。

いまお話してくださったことは、いまの時代の多くの親ごさんたちが同じように感じていることだと思います。親ごさんたちはみんな一生懸命子育てしようと思っていて、とくに毎日かかわりの多いママたちは、すごく悩んで日々をすごしていますよね。一方で子どもが幼いうちは、パパたちは、「自分たちもそれなりに大きくなってきたのだから、自分が育ったようにしていれば、ふつうに育つだろう」と、ちょっと楽観的に思っていたりもするのよね。

ところが、いまの時代、自分が育ったようにしていれば、自然に育つというふうにはいかなくなっているところで、子どもたちの感情の発達が危機に陥ってしまっているというのが現実なのです。

あゆみママ　そんなこと言わないでください。ますますどうやって子どもを育てていったらいいのか、わからなくなります。

ゆうたパパ　それって、プレッシャーだなぁ。じゃあ、子どもを育てるには、いちいち何かを学ばなくちゃいけないってこと？

あらたに何かを学ぶというよりは、私たち親世代ががんじがらめになっている「よい子に育てなくちゃ」の常識から自由になるというふうに、考えてもらったほうがいいかもしれません。そのがんじがらめの常識というのが、自分が育ったようにするということの中にあるわけです。

私たちは、「思いやりのある子」に育てたいと願っているし、わが子が「優しい子」であることを願う風潮は、最近の傾向として特に強いようです。玩具メーカーのバンダイがインターネットのホームページ上で毎月行っている「バンダイ子供アンケート」(http://www.bandai.co.jp/kodomo/) の二〇〇三年度の結果を少し引用します。

アンケート応募者の中から、〇歳から一二歳の男女一〇〇〇人ずつをランダムに抽出した結果です。「お子様の長所はどんなところですか？」と言う質問に対して、四一・一％が「優しい、思いやりがある」と回答しています。「お子様を褒められて嬉しかった一言は？」に対しては、三～五歳では「きちんと挨拶できてえらいね」が一位、六～八歳・九～一二歳ではともに「優しいね」が一位になっています。さらに、「お子様にどんな大人になってほしいですか」と言う質問に対しても「優しい」(二八・四％)「思いやりがある」(一八・九％)「人の痛み、気持ちがわかる」（一四・〇％）が上位三位を占め、合計すると六一・三％になります。

このバンダイ子供アンケートの結果は、いま子育て中の親ごさんたちにとって、「優しい」「思いやりがある」という子ども像が、非常に重要であり、「優しくて、思いやりのある子」が「よい子」だと認識される傾向にあるということをよく示しています。

ところが、親の前では「優しい」行動をたくさんとっている子どもが、学校や大人の見ていないところで、攻撃的な感情をコントロールできない状態に陥っているという現実が増えていて、多くの学校で教師がつぶれてしまう危機に陥るほど実に深刻な問題になっているのです。

このことは、いま、わたしたちが子どもに求める「優しさ」の本質はいったい何なのかということをきちんと考え直さなければならないということを意味しています。「優しい子」として「親を癒してくれる子」を求めているとしたら、子どもの感情の発達は重大な支障をきたすことになるのです。

親がわが子に「優しい子」「思いやりのある子」に育ってほしいと願うとき、その願いは、二〇歳をすぎたときに「優しい大人」「思いやりのある大人」に育っていてほしいという願いを意味しているはずです。大人になったときに、社会に出て働き、働くことに喜びを見出し、家族を愛し、愛するものを守れる人になってほしいという願いであるはずです。

子どものときに、親に対して親切で思いやりのある優しい子どもでいてくれさえすれば、二〇歳になったときに社会に出て行くことができなかったり、他者を傷つけたりだましたり、愛する奥さんや子どもに暴力をふるったりするような大人になってもいい、ということは、ゆめゆめ願っていないはずです。

私たちの子育てにおける大きな誤解の一つは、大人になってから思いやりのある人に育つためには、生まれたときから子ども時代ずっと、思いやりのある子どもでいることが必要だと思い込んでいるところです。

まず、最初に子どもを育てるにあたってしなければいけない覚悟は、子どもというものは、足りないところがあるのが当たり前で、親に苦労をかけるものなのだということなのです。

あゆみママ　えー？　そうなんですかぁ。私、小さいときからいつも「まわりの気持ちを考えなさい」って言われてきたから、幼い子どもでも小さいときからまわりの気持ちを考えられる子が、大人になってからも、思いやりのある子になるのだと思い込んでいました。

生まれたばかりの赤ちゃんは、二時間おきにおなかがすくと泣きますよね。夜中でもおかまいなしに、お母さんを起こしますよね。どんなにお母さんが寝不足でまいっていても、赤ちゃんはこの世の終わりというほどの声を上げて泣くでしょう？　そして、おなかいっぱいになって心地よくなると、すやすやと眠ります。

この赤ちゃんの「人の迷惑かえりみず」に要求するエネルギー、これが「生きる力」の源なのです。この力を子ども時代、ちゃんと保証し続けてあげることが、豊かな心と生きる力を育てるために必要なことなのです。

実際のところ、「産後うつ」と言うような状態にお母さんが陥ってしまうと、赤ちゃんもあまり泣かない赤ちゃんになります。生まれたばかりの赤ちゃんでも、お母さんが危機状態にあることに反応して、お母さんを気遣います。でも、それは同時に、赤ちゃん自身の「生きる力」を弱めてしまいます。幼いうちからまわりに気を遣う子どもは、それだけ「生きる力」がそがれていると見てあげたほうがいいくらいなのだけど、大人は子どもに気を遣ってもらうことを期待するし、そのほうが都合がよいという状況になりやすいわけです。

ゆうたパパ　「がんじがらめの常識」の意味がわかってきました。赤ちゃんの「人の迷惑かえりみず」のエネルギーが「生きる力」っていうのは、目からうろこが落ちるようだね。

確かに、ぼくたちは「どういう子がよい子か」っていう常識に支配されているのかもしれない。

赤ちゃんのときには、赤ちゃんの泣き声に突き動かされて、必死に赤ちゃんの世話をし、赤ちゃんのすやすやと眠る顔に癒されて、子育ての喜びを感じることができたとしても、少し大きくなると、私たちは子どもが大人を気遣い、感情をコントロールして、いつもにこにこ元気に機嫌よくすごしてくれることを求めてしまうようになりがちです。

子どもは幼児の時代には、自己中心的で、親の迷惑などみじんも考えず、自分の身体の中から出てくるエネルギーのままに感情を表出することが「健康」だということ。それは脳の発達のプロセスから言っても、きわめて自然なことなのです。

ゆうたママ　うん、そうかぁ。赤ちゃんのときは、わかる。それは許せるんだよね。歩きはじめて、言葉がいくらか通じるようになってからかな？　それで二歳くらいから「いやいや」とかがはじまると、すごく余裕がなくなって、どうして親の気持ちをわかってくれないのかって、腹が立っちゃうんですよね。それがまずいのはわかっているのだけど……。

赤ちゃんは「泣く」という力をもって生まれてきます。最初はおなかがすいたり、暑かったり、寒かったりしたとき、身体が不快な状態にさらされたときに、泣くということによって、助けを求めます。

赤ちゃんは実は「助けて！　助けて！」と泣いているわけです。赤ちゃんにとって、おなかがすくということは、生死の境目を意味することですよね。大人のおなかがすいたときとは意味が異なり、そのまま放置したら死んでしまうという弱い状態で生まれてくるわけですから、自分の生命を守るために、泣いて知らせるという力をもって生まれてきます。

おっぱいやミルクをもらい、あたたかくしてもらうことで身体が心地よくなる、という毎日の繰り返しを通して、赤ちゃんは人間の心が成長していく上で最も重要な感情を獲得していきます。それは「安心感・安全感」という感情です。助けを求めれば助けてもらえるという「安心感・安全感」です。私たちはこの身体が安心する力、安全を感じることができる力の重要さを見逃しがちですが、この感情は心が育っていくための基盤としてとても大事です。

赤ちゃんが不快を感じてぐずっているときに、ママやパパに抱いてもらって心地よくしてもらうということによって、身体が安心できる感じ、安全な感じを取り戻すということが、乳児期の子育ての基本です。この当たり前に見える毎日の行為が、子どもの感情を育てるために、その後もとても大事になってきます。

だけど、子どもが少し大きくなってくると、「ぐずって泣いているときに、抱く」ということが、困難になってしまうのですね。子どもの機嫌がいいときには、たくさん抱いているのだけれど、子どもがぐずって泣いているときに抱けるか、となると、抱けないママやパパが多くなっているようなのです。

あゆみママ　はい。私、そうです。ぐずぐず泣かれると、まず泣きやんでもらって、にこにこになってからじゃないと、抱かないです。

あゆみパパ　俺の場合、叱って泣きやませるわけだから、抱かないですよね、当然。

ゆうたママ　私は、抱き癖がつくとか、わがままになるとか、あまやかしになるとか、いろいろ心配になって、抱いちゃいけないと思っていました。

ゆうたパパ　ぐずっているときにかかわると、もっとひどくなるでしょう？　だから放っておけばいいんじゃないのって、思ってきたけど……。それじゃまずいってことですかね。

この本は、子どもがぐずって泣いているとき、つまり、不快な感情のエネルギーに支配されているときに抱くということが、感情の発達のためにどうして大事なのか、ということを、お伝えするために書きました。

それがどんなに大事なことなのかは、問題行動や症状などの不適応に苦しんでいる子どもたちが、治っていくプロセスを通して、私に教えてくれたことなのです。

2 感情を育てるということ

私たちは、学校で道徳や国語の教材を通して、他者の気持ちとか思いやりとかをたくさん教えてもらって、大人になりました。でも、「私はうれしい」とか「私は悲しい」とか「私は怒っている」とか「私は不安だ」といった感情は、いつ誰に教わってきたのでしょうか？　それは物心ついたころから、自然にわかっていたことで、誰に教わってきたわけでもないと思うのが、ふつうでしょう。つまり、私たちは自分の感情については、当たり前にわかっているという前提で、生きています。

ところが、実際には、この自分の感情というものをわかるということは、とってもむずかしいことなのです。大人でも、本当は悲しいのに怒ってしまったり、不安なのに笑ってしまったりすることがあるわけで、自分で自分の感情がわからないことは、決してめずらしいことではありません。

しかし、最近の子どもたちの特徴として、自分の感情がわからない子どもたちが増えているということが、とても深刻な問題になってきていると私は感じています。なぜなら「自分の感情がわからない」子どもたちは、発達の中でさまざまな困難を抱えてしまうことになるからです。

ですから、子どもたちがちゃんと自分の感情を感じるということが、とっても大事なのだということ、まず、このことを押さえてくださいね。子どもが「私、うれしい」「私、悲しい」「私、怒っている」というような自分の感情を大事にしてもらえることが、成長するために、すごく大事なことなのです。

ゆうたママ　子どもが「ゆうた、うれしい！」とかっていうのは、それは大事だというのはわかるし、それは大事にしていると思います。でも、「ゆうた、悲しい」とか「ゆうた、怒っている」とかはね、それはいけないことだと思っているから、大事にするって、どういう意味なのかわからないなぁ。それに子どもって、そういうことあんまり言わないしねぇ……。

そうね。ゆうたママみたいに感じるのが、ふつうなのかもしれません。

この本を読み終わったときには、その常識がくずれていてくれるといいなぁと思っています。だいたい三歳くらいになると、多くの子どもが「私、うれしい」は言えるようになるそうです。でも、「私、悲しい」とか「私、怒っている」とか「私、くやしい」といったネガティヴな感情、不快な感情を言えるかどうかは、かなり個人差があるのではないかと思います。

中学生になっても、高校生になっても、大学生になっても、「私、悲しい」「私、くやしい」って言えずに、つまり自分の感情がよくわからずに、その代わりに、暴力をふるったり、暴言を吐いたり、いじわるやいやがらせをしたり、おなかが痛くなったり、ごはんを食べなくなったり、手首をカッターで切ったりするということが起こっているわけですから……。

あゆみママ　えー、そんなに大事なことなんですか!!　子ども自身の感情を大事にすると言われても?

もしかして、私、あゆみが泣くと、泣いているあゆみの感情なんて考えてみたこともなくって、泣かれて困っている私の感情のことばかりを考えていたかも……。

あゆみパパ　まあ、お前はそういうところあるよな。それであゆみのご機嫌ばかりとっているから「俺がちゃんとしつけなくちゃ」と思って、厳しくするわけだけど……。でもまあ、俺もあゆみの感情なんてものは考えてみたこともなく、「ちゃんとしつけている俺」っていうのが存在することが大事なわけだから、自分のことばかり考えているという意味では変わりないかも……。

そうそう。だから、親になる覚悟というのは、親が親自身の感情よりも、子ども自身の感情に目を向けて大事にする覚悟を決めることでもあるのです。

多くの親ごさんたちは、子どもがなんらかの不適応を起こしてから、その試練にぶつかることが多いのですが、早めに方向転換できたら、それに越したことはないなぁと思います。

私たちは、子どもを愛していますから、子どもに怒りや悲しみや憎しみや恐怖や不安などの感情をできるだけもたせたくないと願い、子どもがいつもにこにこ元気にしていてほしいと願いがちです。にこにこ元気にしているということは、子どもが怒りや悲しみや憎しみや恐怖や不安に支配されていないことを意味するので、親は安心することができるわけです。

しかし、残念なことに、どんなにもたせたくない、感じないでほしいと願っても、子どもが怒りや悲しみや憎しみや恐怖や不安を感じることを避けることはできないのです。

なぜなら、それは生理現象だからです。生理現象というのは、身体の反応ということを意味しています。感情は、身体の中を流れるエネルギーであり、それは意識でコントロールすることができない身体の反応なのです。

弟がママのおっぱいを飲んでいれば、くやしいというエネルギーが身体を流れるし、パパがいっしょに遊んでくれれば、うれしくてわくわくのエネルギーが身体を流れるし、おなかが空いて眠くなれば、不機嫌ぐずぐずのエネルギーが身体を流れるのです。

「はらわたが煮えくり返る」とか「腹に据えかねる」という言葉があるように、私たちは強い怒りの感情を身体の反応として感じています。うれしいとき、楽しいときは、身体の中からはつらつとした感覚が湧いてきますよね。

怒っているときは、血圧が上がって、顔が真っ赤になって、怒りを抑えようとすると、手が震えたりすることがあるかもしれません。悲しいとき、熱いものがこみ上げてきて、涙がとまらなくなりますね。そういうふうに感情をそのままに感じているときには、うれしい、悲しいという言葉と、身体の感覚とがつながっている状態にあるわけです。

感情は身体の反応であり、生理現象だと考えてもらえると、これからお話しようと思っていることをよく理解していただけると思います。

子どもがおしっこをしたいときに「がまんしなさい」と言ったら、どうなるでしょうか？病気になってしまいますよね。

子どもが涙を流しているときに「泣くんじゃない」と言ったら、どうなるでしょうか？

それも同じなのです。

感情の表出が生理現象だということは、それをがまんさせたら、病気になるという点で、同じなのです。

ゆうたママ　えー、大変。うちの子、病気になっちゃうんですか？　私なんか、毎日のように「泣くんじゃない!!」って叫んでいました。

あゆみパパ　うちもですよ。女房は子どもが泣くとパニックになるし、俺は腹が立つからいつもがつんと「泣くんじゃない！」の一喝です。もう手遅れなんですか？

いくらママやパパが「泣くんじゃない!!」と怒鳴っても、子どもに効き目がないとしたら、むしろそれは心配ありません。先ほどの「人の迷惑かえりみず」のエネルギーの話を思い出してください。いくら怒鳴っても、親の気持ちに配慮することなく、また性懲りもなく泣くのであれば、それは「生きる力」に満ちているというわけです。

だけどその場合、問題は何度言っても言うことをきかない子どもにいらだつ親の気持ちのほうということになりますから、それで悪循環になっている点はあるかもしれません。

子どもが泣いていてもゆったりとした気持ちでいられると、案外子どもはすっと泣きやむことができたりするわけです。

ゆうたママ　またまた、目からうろこですね。そう考えると、ゆうたは「生きる力」に満ち溢れていますよね。私が怒鳴るからもっと大きな声で泣くという悪循環は、そのとおりです。私が、ゆとりをもてればいいんですよねぇ。

あゆみパパ　いやー、うちは心配ってことですよね。あゆみは基本的におとなしい子なので、ぼくが怒鳴ると、ぴたっと泣きやみます。でも、目が泳ぐんですよね。聞き分けのいい子だと思っていましたが、心配になってきたなぁ。目が泳ぐ様子からは、おびえているのはわかっていたのですが……。

あゆみママ　あー、どうしよう!!

子どもにはもって生まれた性格というものがあって、ゆうたくんみたいにたくましい子や、あゆみちゃんみたいに繊細な子などがいるわけです。それは個性です。どちらもとってもすてきな個性です。

繊細な子は親が何を望んでいるのかなどを汲み取る感受性も強く、親の期待に応える「よい子」に育ちやすいので、親はついつい油断しがちになるという危険が潜んでいます。子どものほうが親の気持ちを察知してくれますから「手のかからない子」になり、幼いときに親が子育てに苦労しない分、油断しがちになるわけです。

ですから、繊細な子の場合は、逆にかなり親が意識して、子どもが怒りや悲しみや不安などのネガティヴな感情を抑え込んでいないか、ちゃんと表出できているのかを見てあげる必要があります。

たくましい子の場合、親の迷惑かえりみずという傾向がありますから、親にとってはとっても「手のかかる子」になります。ゆうたくんのママがお話してくれたように、怒鳴るともっと泣く、だからもっと怒鳴るみたいな悪循環の関係に陥りやすいわけです。

たくましい子の場合は、「親の迷惑をかえりみないのは、生きる力がある証拠」という言葉を念仏にして、ゆとりをもってほしいですね。

子育てというのは、気づいたときから、やり直しがきくものです。親子の絆というのはとても強いものです。子どものために変わろうと思ったときから、子どもにその思いは伝わります。実際に大きくなって問題行動や症状が出てしまってからであっても、気づいたときから、やり直しはきくのです。第4章でご紹介しますが、挫折を乗り越えることで、より豊かな関係を築いていける親子はたくさんいるものです。

ただ、もちろん子どもの年齢が小さいうちのほうが、お互いに負担が少ないということはまちがいありません。幼いうちであれば、親の力で子どもを助けることができますが、高校生以降になってしまうと、親の力で援助してあげられる部分が少なくなってしまいますからね。

あゆみちゃん、ゆうたくんは、まだ三歳ですから、いま「泣いているときに抱きしめてあげる」ことができるようになれば、それで大丈夫なのです。

3　怒りや悲しみや不安をコントロールできる人に育てるために

さて、それでは「泣いているときに抱きしめる」ことが、どうしてそれほど大事なのか、説明していきたいと思います。

赤ちゃんが言葉を覚えていくとき、どうやって覚えていくでしょうか?

「まま」とか「まんま」といったお母さんやごはんをあらわす言葉を最初に覚えるお子さんが多いですよね。一番ほしいもの、その欲求を満たしてくれる「もの」と「ものの名前」が一致することで、言葉を覚えていきます。いちご、バナナ、テレビ、お花、いす、テーブル、など「ものの名前」の獲得によって言葉を増やしていきます。

しかし、「うれしい」「悲しい」「さみしい」など感情をあらわす言葉は、「もの」がありません。では、「もの」がないのに、どうやって覚えるのでしょうか?

あゆみちゃんを、ブランコに乗せて後ろから押してあげると、きゃっきゃっと大喜びしますよね。風が気持ちよくて、お空がゆれて、ふわふわした気分で大喜びです。そんなとき、ママもパパも自然に「うれしいねぇ」「楽しいねぇ」と声をかけますよね。

そのとき、あゆみちゃんの身体の中を流れている喜びのエネルギーを、ママとパパが自然に感じ取って、それを言葉にして返すという相互作用が自然に起こっています。子どもにとっては、自分の身体の中を流れているエネルギーの感じ、身体感覚と「うれしい」という言葉が結びつくという学習をしていることになります。

つまり、身体感覚が「もの」にあたり、「うれしい」が「ものの名前」にあたるのです。だから、感情をあらわす言葉を獲得するためには、大人との相互作用がいつも必要なのです。感情は、身体の中を流れる混沌としたエネルギーにすぎませんが、言葉と結びつくことによって、他者にそれを伝えることができるものになります。このプロセスを感情の社会化と言います。「うれしい」という感情が社会化されている人たちの間では、「うれしい」という言葉を使うと、その感情があらわす身体感覚を推測することができます。それによって、共感するということが可能になるわけですよね。

あゆみちゃんが、幼稚園から帰ってきて、「あゆみ、うれしかったんだよ!」とお話することで、ママと離れているときに体験したうれしかった身体感覚を、ママに教えてあげることができるわけです。それによって、ママはあゆみちゃんが幼稚園でどんな体験をしてきたのかを理解することができます。

このように「感情の社会化」というのは、自分の感情を他者に伝える力の基本なのです。

思春期にはいりかけのころはじめて体験する感情に、恋愛感情があります。はじめて恋を経験したときのことを思い出してみると、感情の社会化というものを理解しやすいかもしれません。

なんだか知らないけどあの子のことが気になる、目が合うとどきどきする、胸が痛くなる、という身体感覚が、「あぁ、これが恋なんだ」とわかる瞬間です。せつない身体感覚と「恋」という言葉とがつながったときから、友だちと恋愛話をして共有することができるようになりますよね。

身体感覚としての感情が言葉とつながり、言葉によって他者と共有することができるようになること、これが感情の社会化というプロセスなのです。

うれしい、楽しい、などのポジティヴな感情が社会化されるということは、いまも昔もごく自然に行われてきていることだと思います。子育ての中での無意識の相互作用によって、子どものポジティヴな感情は、自然に社会化のプロセスをたどるようです。

ところが、怒っている、悲しい、さみしい、不安だ、憎たらしい、などのネガティヴな感情については、感情の社会化のプロセスを自然にたどることが困難になっているのです。

ここに、子どもたちの感情の発達が危機に陥っている理由があります。

ゆうたくんが、お砂場で一生懸命トンネルをつくっているとしましょう。黙々と穴を掘ってわくわくと楽しくてたまりません。

そんなふうに夢中で遊んでいるときに、少し大きなお兄さんがやってきて、強引にゆうたくんのスコップを借りてもって行ってしまったとしたら、ゆうたくんは、どうなるでしょうか？

ゆうたママ　たいへんですよ。わぁーっと泣いて、砂をまきちらして、わめくでしょうね。地団太踏むっていう状態になります。

そうよね。元気のいい三歳のゆうたくんの反応として、それは当然なんです。それまでの楽しかったエネルギーが逆流して、身体中に不快な感情が一気に流れるわけですからね。

そういうゆうたくんを見ていると、どういうふうに思うのかしら？

ゆうたママ　いやぁ、スコップとられていやだったっていうのはわかるんですけど、「ちゃんとがまんできればいいのに」って思います。

ゆうたパパ　男の子なんてそんなもんだろって思いますけど、でもまあ「いいかげんにしろ」って思うのが正直なところですかね。

そうなのね。どうしても「まだ三歳」なのに「もう三歳」っていう感覚になって、がまんできて当たり前という期待をするんだよね。

でもね、そこが「よい子」に育てなくっちゃっていうあせりの部分なのね。

ゆうたママ　やっぱり、まわりの目を意識するっていうのが、大きいかな？　スコップとられたくらいで泣き騒いでいるわが子を見ると、恥ずかしいというか……。

どこかで、三歳のわが子と自分を同じレベルで見てしまっているのですね。こういう場面で、三歳の子に必要なことは、「くやしかったねぇ」「スコップとられて、すごくいやな気持ちだったね」と言ってあげることなのです。

先ほどの感情の社会化の説明のところを思い出してください。スコップをとられて、それまでの楽しい感情が逆流して一気に不快な感情が流れたとき、子どもは自分の身体の中で何が起こっているのか、まったくわからず、ただただ、不快な感情に支配されてパニックになっているのです。

そういうときに、子どもが身体で感じている感情を、親がきちんと察知して適切な「言葉」で名づけてあげるというプロセスを通じて、子どもは自分の感情を「言葉」に置き換えるということができるようになります。

そのときに「そのくらいで泣くんじゃないの!」と言われてしまうと、子どもはママとパパに受け入れてもらうために、泣きやめようとしますが、身体を逆流した不快な感情のエネルギーは、混沌としたまま置き去りにされてしまうことになります。

このように、子どもが泣いたり、怒ったり、悲しんだりすることが当然の場面で、その感情の表出が歓迎されない状況が日常的に繰り返されてしまうと、子どものネガティヴな感情が社会化されるチャンスが失われてしまうということになるのです。

実際、子どもは自分の身体感覚にあった言葉がけをしてもらうと、不思議なくらいにぱたっとおさまったり落ち着いたりするものなのです。

ゆうたママ　あー、わかってきました。それわかります。この間、そういうことありました。あまりにぴたっとおさまったのでびっくりしたんです。公園に行ったとき、私のポケットに飴が一つだけ入っていて、ゆうたに食べさせたんです。そういうとき、いつも「もっともっと」となるものだから、あらかじめ「一つしかないんだよ」って言い聞かせて、口に入れてやったんです。ところが、ブランコを勢いよく漕いでいるうちに、お口からぽろっと飴が落ちちゃったんですよ。それで、「わぁーん」って泣きながら、私のほうに走ってくるものだから、思わず「だから一つしかないって言ったでしょ！」って言っちゃったんですよ。そしたら、もっと甲高い声で、ぎゃぁーですよ。でもそのときは、私も落ち着いて対応することができて、「飴が落ちちゃって、残念だったねって言えばよかったんだね」って言って涙をふいてやったら、ぴたっとおさまって「うん」ってうなずいて、それでまたブランコに乗りにいって機嫌直ったんですよ。そういうことなんですね。

そうそう。すごい。そういうことなの。

子どもって、自分の身体の中をわけがわからないものが流れていてパニックになって泣くのね、それにフィットする言葉を与えてもらえると、すっと落ち着くものなのです。そして、そのときに、自分の感情を表現する方法も同時に学習しているんですよ。

ゆうたママ　結局、泣かれるのがわかっていて、先に手を打って「一つしかないよ」って言っておいたのに、恐れたとおりのことが起こって……。そのときに親である私が自分の感情のほうでいっぱいになっちゃうから、「だから一つしかないって言ったでしょ」って言葉になっちゃうんですよね。ゆうたの感情のほうに、気持ちを向けていれば、自然に「残念だったね」って出てくるんだけど。

ほんとにそのとおりなのね。

子どもの感情に気持ちを向けられると子育ても実は楽しくなるはずなのです。

ゆうたママ　子どもの感情、ですよね。ゆうたがどんなふうに感じているかということですよね。けさも、私が洗濯物が干し終わるのを待てないで、「早く公園に行きたい！」と泣き叫んでいて、「どうして待ってなさいって言ってるのに、待てないの!!」って怒鳴っちゃったんですけど。そういうときのゆうたの感情ってなんだろう？

「行きたい？」「がまんできない？」。公園に行きたいのに待ってなくちゃいけなくて、むしゃくしゃしてるってことかな……。

そうそう。身体の中にむしゃくしゃが流れているんだよね。なんて言ってあげたい？

ゆうたママ　うーん。「むしゃくしゃしてるんだねぇ……待っていてえらいねぇ」だね。

そう言えたら、子育ても楽しくなるでしょうね。

「むしゃくしゃマンがやってきたぁ」って歌っちゃったりしたら、早く遊びたくて待てなくてむしゃくしゃしている気持ちも、元気のある証拠ってことになって、ゆうたくんもいっしょに歌っちゃうんじゃないかな？

いらいらしたり、むしゃくしゃしたりするネガティヴな感情も、ママに支えられると、それは安全な感情として抱えられるようになるのです。抱きしめるって、そういう意味でもあるのです。包み込む雰囲気がやわらかくてあたたかいものであれば、自分の感情が抱きしめられていると子どもは感じることができます。

ゆうたパパ　俺なんかは、基本的に放っておいているっていうのは、自分がめんどうだからで、そういう意味では自分の感情中心で、何も見ていないのかもしれない。反省です。

子どもの身体が不快な感情に支配されてパニックになって、泣いたり怒ったり、すねたりいじけたり、沈み込んだりしているときというのは、子どもの感覚としては危険にさらされているという感じなのです。

そういうときに、大きなパパやママの身体で抱いてもらうと、ネガティヴな感情にさらされても安全でいられるという体験をすることになるのです。だから、怒りや憎しみや悲しみが溢れてきても、それを安全に抱えることができるように成長していけるのです。泣いているときに抱こうというのは、そういうことなのです。

怒りや憎しみなどのネガティヴな感情がそのままむきだしの状態にあれば、それはとても危険な感情です。でも、大人が抱きしめることで、安心・安全によってネガティヴな感情をくるむことができると、それはもっていても安全な感情としてコントロールすることができるようになるのです。

不快な感情がいっぱいになって、泣いたりすねたりぐずったりしているときに、放っておかれると、その子は、自分一人の力でその危険から脱出するようになります。それは、まあ、たくましく育つと言えなくもありませんが、自分一人で生きていかなければならない子は、闘争モードになって、たたかいながら生き延びていくということになりますよね。

幼い子どもが自分を守るために、必死に攻撃的、乱暴になりながら生きていくと、結局はそれをまた叱られて、だめな子、悪い子というレッテルが貼られてしまうことにつながりますから、かわいそうなことです。幼いうちにはきちんと保護されるということが思いやりのある子に育つために必要なのです。

誤解のないように、少し付け加えますが、いつでもなんでも抱え込まなくちゃいけないという意味ではないんですよ。「抱きしめる」という言葉には比喩的な意味もあります。子どもが興奮しているときに、刺激をするともっと興奮してしまうようなとき、そういうときは少し、距離をおいて放っておくということは必要です。

でも、そのようなとき、あたたかい気持ちで見守りながら側にいることはできるわけで、それは比喩的な意味で抱きしめていることになります。つまり、放っておきながらも様子を見て、子どもを抱き寄せるタイミングを計っているのです。ところが、親自身が子どもに怒りを感じて、子どもの顔を見たくないと思っている状態で放っているときには、子どもは安全を得られないので、怒りや憎しみや悲しみを安心して抱えていくことができなくなってしまうわけです。

あゆみママ　怒りや憎しみや悲しみを安全に抱えることができないっていうのは、どういう状態なんでしょうか？　あゆみは、叱られると目が泳ぐので、安全に抱えられていないんじゃないかと思うんですけど……。

怒りや憎しみや悲しみが溢れてきたときに、それを安全に抱えることができないということには、軽い段階からとても深刻な段階まであります。三歳のあゆみちゃんは、いま、ちょっとかかわりを変えてあげることですぐに改善されます。でも、そのまま一〇年以上すぎてしまうと、思春期のころから、いろいろな問題としてその危機が表現されてくることにもなります。

先ほど、怒りや憎しみや悲しみや不安や恐怖などのネガティヴな感情、不快な感情に子どもが支配されているとき、子どもはとても危険を感じている状態にあるということを書きました。

ママ・パパも幼いときのことを思い出してみてください。子どものころというのは、あとで考えるとなんでもないようなことであっても、すごく過敏に感じて、怖かったり、不安だったりしませんでしたか？　夜、電気がついていないとトイレに行かれなかったり、外の気配がお化けに感じられたり、子どもの感じる世界は、大人に比べてはるかに想像力豊かで過敏で繊細でもろいのです。

ですから、大人にとってはなんでもないことであっても、子どもにとってはとてつもない恐怖や不安にさらされるということは容易に起こります。これが何を意味しているかというと、適切なサポートがないと、子どもの心はとても傷つきやすいということなのです。

心が傷つくというのは、どういうことかというと、これは、脳で起こる防衛の反応なのだと思ってください。人は、危険にさらされると、自分の身を本能的に守る力をもっています。心にも、自分の身を本能的に守る力があります。それが、防衛というものです。

幼い子どもが、怒りや悲しみや恐怖や不安などの強い感情にさらされたとき、子どもの身体は危険を感じますので、自ずと自分の身を守る防衛本能が働きます。それはどういうものかというと、「感じなくなる」「封印する」という防衛なのです。

次章で詳しく述べますが、感じていると危険な感情は、感じないようにすることができてしまうという力を人間はもっているのです。特に幼い子どもは上手です。

ネガティヴな感情が社会化されていない子どもは、そのとき、そのときに自分の身にふりかかる感情が何なのか、わかりません。ただただ混沌として不快なエネルギーの塊としてしか経験されません。そのような状態になっている子どもが、自分の危険を回避するためには、「感じなくなる」「封印する」という防衛がとても便利なのです。

そして、それは「泣かないでほしい」「ぐずぐずしないでほしい」「怒らないでほしい」という親の願い、期待に応えることでもあるために、容易に達成されてしまうわけです。

このようにネガティヴな感情を感じないように防衛を働かせている子どもは、目が泳ぎます。そういう意味で、「目が泳ぐ」というのは、「これ以上、叱らないで」とか「思いっきり泣かせて」というサインなのです。

あゆみママ　やっぱりそうですよね。どうしよう……。

あゆみパパ　うーん。俺の責任ですね。そんなに泣かせることが大事だなんて考えてもみなかったので。

何度も言いますが、いまからでいいのです。いまから、変えてみればいいのです。子どもが教えてくれているのですからね。最初から完璧に育てられるなんてことはないのです。親にだって、完璧なよい親を求めてはいけません。子どもが教えてくれて、そしていっしょに育っていくのが親子です。子どもから学べばよいのです。

要するに、子どもが自分の身体感覚で危険を感じているときに、危険だから感情を封印して、感じないようにしてしまう。その結果、ますますネガティヴな感情は社会化されず、怒りや悲しみや不安や恐怖や憎しみを安全に抱えることができなくなってしまうということなのです。

そして、その子どもが感じている「危険」というのは、大人にとっては何でもないこと、ささいなことと感じることだったりするわけです。

あゆみママ　でも、子どもがそんなに傷つきやすいとすると、いったいどうやって守ったらいいんだろうって、すごく不安になります。

そうね。だからといってそんなに神経質になることはありません。なぜなら、「泣いているときに抱く」ということ、これをしていればいいってことだからです。確かに子どもが傷つく材料は山ほどあるし、子ども自身の感受性やもって生まれた性質の違いによって、感じ方も異なります。だけど、子どもが感じたままに「泣く」ということが許されていれば、その子がどこで恐怖を感じているのか、すぐにわかりますよね。

そして、そのときに抱いてやることができると、子どもは自分が恐怖を感じていても、ママやパパに抱いてもらうことで大きな安全に包まれて、恐怖にさらされても安全なんだということを学習できるのです。そうやって一つひとつ、たくましくなっていくのですよね。

あゆみママ　ああ、そうか。だから、泣いているときに抱きしめることが大事っていうことなんですね。よくわかってきました。そのためには、ちゃんと泣ける子に育てないと、抱いてもやれないってことなんですね。あー、よくわかったけど、できるかなぁ……。

あゆみパパ　よくわかりました。でも、そうすると、俺らの子ども時代は何だったんだろう？俺なんて、まったく無茶苦茶に殴られて育ちましたよ。確かに、恐怖とか感じないようにしてきたと思います。

4　世代を超えた子育ての苦しみの連鎖

ここで、親自身がどのように育てられてきたかということと、子育てということについて、少しお話ししたいと思います。あゆみパパのように、親世代は殴られて育ったから殴ることはある程度必要ではないかという意見もそれなりに多く、最近の親は「殴らない＝しつけていない」から、子どもたちがちゃんと育たないのだという方もいます。

それに、いまあゆみパパがお話ししてくれたように、自分も恐怖や不安を感じないようにしてきたという場合、子どものネガティヴな感情を受け入れることが大事ということは、実感としてわからないということにもなると思います。

あゆみパパ　そのとおりです。いま、話を聞いてきて、すごく俺の人生否定されたような気もしました。おやじはえらいと思ってきたし、殴るおやじを正しいと思ってきたわけで、そりゃ、怒りも悲しみもありましたが、それこそないことにして、おやじを肯定してきたんです。いまさら、子どもは泣いてもいいって言われると、複雑な気持ちになります。

男の子は特に思春期に男性として成長するときに、父親をモデルとして「男性性」を取り入れます。反発するという逆の形でモデルになるということもあります。殴ること、腕力があることは、強さ、たくましさの象徴でもあるので、男性性と親和的な行為になるわけです。

ですから、殴られて育った男の子が、暴力を肯定するようになり、子育てにおいて同じように殴って育てるということが繰り返されるということは、臨床事例の中ではきわめて頻繁に見られることです。テレビや新聞においても「しつけのつもりだった」というコメントとともに虐待されて亡くなってしまった子どものニュースが流れるのにもこうした事情があるのです。

虐待されて育った人が子どもを虐待してしまうという傾向は、世代間伝達という概念で説明されます。子どものときの親との関係性が、自分が親になったときの子どもとの関係性においても繰り返される傾向のことを説明する言葉です。この世代間伝達は、虐待のケースだけではなく、ごくふつうの日常の子育ての中にもたくさん見られることなのです。

はじめての子どもを育てるときというのは、何もわからないのが当然です。それなのにどうやって育てることができるかというと、受胎、妊娠、出産という身体の仕事がなされていくのと同時に、脳の中でも母になるための準備が進んでいるからなのです。

どんな準備かというと、はるか昔の記憶が長期記憶の倉庫の中から引っ張り出されてくるという準備なのです。自分が生まれたときの記憶、育ってきたときの記憶、そのあと、大きくなっていくまでの記憶が、わが子の成長過程とともに参照可能な記憶として機能するように、脳が準備を進めるのです。それにより、私たちは、「自然に」「本能的に」子どもを育てることができるのです。

おそらく、このプロセスは猿などの動物でも起こっていて、たとえば生まれてすぐにお母さんに育ててもらえなかった動物が、わが子を育てないので飼育員が育てたというような話は、テレビなどで見聞きしますよね。

子どもを育てるために引っ張り出されてくる記憶、つまり自分がどのように育てられたのかという記憶が、あまり幸せではない記憶であった場合には、いま現在子どもを育てることに役立たないばかりか、いろいろな混乱を引き起こしてしまうのです。

記憶には自分が意識している記憶だけではなく、乳幼児のときの言葉をもつ前の身体感覚だけの記憶もあります。ですから、乳幼児期に強い不安や恐怖を体験していた人が、出産後赤ちゃんの泣き声を聞くと恐怖におそわれて子育て困難に陥ってしまうということも起こるのです。そのようなことを知らないと「赤ちゃんを育てられないひどい母」という扱いを受けてしまうことにもなりかねません。実際、赤ちゃんを虐待してしまったという事例の中にはこのような事情によるものもあるのです。

子どもを出産すると、自分の幼いときのことをよく思い出すようになり、自分の母がどのようにしてくれたのか、それをまねして育てるということがごく自然になされます。現代においては、その自然の感覚よりも育児情報雑誌のほうが優先されてしまうので、情報にふりまわされてかえって不安が高まってしまう傾向もありますが……。

わが子が三歳になれば、三歳のころのことをよく思い出しますし、子どもが幼稚園に行けば、自分が幼稚園だったころのことをよく思い出すのです。そうやって子育てができるようになっているのです。

あゆみママ　私はよく、自分が三歳のころのことを思い出します。母はどうしていたかなって、いつも考えています。私は、よく泣く子だったって母は言います。私は、それでよく叱られていました。三人姉妹なんですけど、姉はしっかりした子であまり泣かないのに、「あんたはすぐに泣く」っていつも比べられて、叱られていた記憶があります。

妹は生まれたばかりだったから、母は妹の世話で大変だったのかもしれませんが、泣くとすぐに叱られていた……。たたかれたこともちろんあります。

ほんとはそのとき、どうしてもらいたかったのかな？

お母さんに抱いてもらいたかったけど、妹がお母さんに抱かれているから、がまんするしかなかったんじゃないかな？

小さい三歳のあなたは、ほんとは「さみしいよー」「不安だよー」「わたしを抱っこしてよー」って叫びたかったんじゃないかな？

あゆみママ　（涙ぐむ）そうなんですよね。いま思うと、私、超かわいそうでしたよね。あんなにがまんしなくても、もうちょっと甘くてもよかったのにって、思いますね。

私があゆみに泣かれると怖いわけが、わかりました。

自分が泣いて叱られていたときの記憶が、無意識に引っ張り出されているっていうことなんですよね。その感覚わかります。あゆみが怖いんじゃなくて、私の幼いときの記憶と向き合うことが怖いんです。
そう、いま、はっきりわかりました。

そういうことは、多くの親ごさんが体験していることなのです。そこがわかるだけでも、ゆとりをもってお子さんと向き合えるようになります。

だって、あゆみちゃんは小さいあなたと同じように、「さびしーよ」「不安だよ」「私を抱っこしてよ」って、伝えてくれているだけですからね、単純にそれに応じてあげればよいだけなんです。

あゆみママ　なんか、できるような気がしてきました。あゆみに泣かれても怖くないかもという感じがしてきました。

あゆみパパ　俺は、あゆみが女の子だから、救われていたのかなって、いま思いながら聞いていました。男の子だったら、殴って育てることに迷いが生じなかったかもしれないし。あゆみは俺におびえるから、まずいなと思いながらも、じゃあ、どうしつけたらいいかわからなくて、結局厳しくしなくちゃと、あせっていて悪循環ですよね。

さっき、俺は殴られて育ってきたけど、まともに育ったみたいな前提で話していましたけど、実は、俺はきれやすいんですよ。特に親には、時々まじでキレて、荒れたあと、よく覚えていないくらいのきれ方で……。頭では、父親が正しいって思い込もうとしてきたけど、ないことにしてきた感情がたくさんあって、それで、いまごろいい大人になって、きれるんだよね……。

あゆみママ　そうそう。時々、あなたすごいきれ方するよね。あれって、結局小さいときの怒りをいまぶつけているってことなんだね。いやなことがあったら、私に言いなよ。悲しかったんだね、怒っているんだねって、私が言ってあげるよ。

そう。原家族（自分が育った家族）で満たされなかったことがあったとしても、それは運命論ではないのです。どこかで、それを補い合っていける関係をつくっていくことで、癒しを見出していくことは必ずできます。そういう意味で、夫婦や恋人との関係の中で、誰にも認めてもらえなかったネガティヴな感情を認めてもらうっていうことは、救いになりますね。

子どもを育てていると、自分の子どものころの記憶の扉が開いてくるということ、それによって、子どもを育てる力を得ることもできるのだけれども、まちがった方向へつきすすんでしまうこともあるということ、それがいまの時代において、子育てが困難になっている理由なのです。

じゃあ、わたしたち親世代の上の世代はどうだったのでしょうか？　ということを考えたときに、「大東亜戦争（第二次世界大戦）」という悲劇の時代が見えてくるのです。日本国民全員が耐えがたい感情に耐えて生き延びた時代の人々の悲しみの連鎖がいまにあるということが、多くの臨床事例から感じるところです。

ゆうたママ　私は、小さいとき母の干渉がうるさくてすごくいやだったのに、それなのに、いまゆうたに同じことをしているって、いつも自己嫌悪に陥っていました。でも、自分がどう育てられたのかっていう記憶が自然に引っ張り出されてきて子育てをするものだって、聞いたら、なんか楽になりました。私のせいじゃないなって。みんなそうなんだって。自分がだめな母だから、叱ってばっかりになるのかと思ってたので。

私の母だって、三歳のころに空襲にあって焼け出されて、戦後すごく苦労して悲しい思いをして育った人です。自分の子どもには苦労させたくないと口うるさく干渉して私たちを育てた気持ちもなんとなくわかります。誰も悪くないいんですよね。自分の努力不足なんじゃないって思ったら、ゆうたに優しくできるような気がしてきました。

ゆうたパパ　なるほどね。俺は放っておかれて育って、それで別にいいと思ってきたけど、やっぱり本当はずっとさみしかったんですよね。親が一生懸命働いているのがわかっていたから、自分でそのさみしさを認めたくなくて、放っておかれたことを肯定していたんだよね。さみしいなんて感じちゃったら、どうしていいかわからなくなってしまうからね。

でも、考えてみたら、俺にはいまは妻がいてゆうたがいて、ちゃんと家族がいて、さみしくないです。俺が家族をちゃんと守るってことが、父親の役割ですね。放っておけば育つなんていうのは、結局は逃げだったんです。親になる覚悟が足りなかったということですよね。

親も子どもといっしょに育つもので、最初から完璧ということはありえません。子どもとのトラブルの一つひとつを経て、ああそうだったんだと学んでいくということが、親になるプロセスなのです。

子どもに完璧なよい子を望むことが危険なのと同じように、親自身も最初から完璧でなければならないと思ってしまうと、追いつめられてしまいますからね、何事も、ほどほどでいいのです。

そして、「ああ、そうだったんだ」と学んでいける柔軟性があれば、子どもとわかり合っていくことができるのです。

第2章　子どもの「心の問題」はどのようにして生まれるのか?

1　脳のはたらきと心

心はどこにあると思いますか？

ゆうたママ　胸のあたりかな……。
あゆみママ　うん。私も胸のあたりだと思うけど。でも、脳かなぁ？

一般的な感覚では、胸や心臓のあたりに心を感じる方が多いですよね。悲しいとき、苦しいときは胸がかきむしられるようになりますからね。
でもその身体感覚も脳のはたらきによって引き起こされています。実は、心というのは「脳のはたらき」なのです。
「感情を育てる」ということは、脳のはたらきということを抜きにしては考えられないことなのです。

ゆうたママ　感情って、脳と関係あるんですか？　脳のはたらきとか言われると、どうやったら、頭がよくなるかみたいな話のような気がするんですけど。

脳というのは、情報処理の器官です。見たり、聞いたり、感じたりしたこと、それが「情報」であり、その情報を処理するのが脳の仕事です。

一般に、ママやパパたちは「脳」というといわゆる「お勉強」に深くかかわる器官だと思っていることと思いますが、それは大脳新皮質という部分のお仕事で、脳のはたらきの中の一部の仕事にすぎません。

たとえば、あゆみちゃんは、雷が鳴って稲妻が見えるとき、どんな反応しますか？

あゆみママ　「怖い！　怖い！」って、しがみついてきます。それで抱っこして「怖いねぇ。でもお家の中にいれば、大丈夫なんだよ」って言って、しばらく抱いていると、今度は興味深く、空を見つめていたりして、稲光が見えると「またきた、またきた」って、怖いもの見たさで見ていますね。

そういった日常的なやりとりの中で、脳は情報処理を常にしているのです。情報処理ということを理解してもらうために説明すると、次のように言うことができます。

あゆみちゃんの脳の中では、まず、雷の音や稲妻の光を見たり聞いたりして入力された「情報」が、脳の中の大脳辺縁系というところで、怖いという感情を生み出し、ママに助けを求める行動をとるように「処理」されたのです。

そこでママが次にとる行動や言葉は、新しい「情報」になります。「怖いねぇ。でもお家の中にいれば、大丈夫なんだよ」という情報が、ママの笑顔と優しい声とともに入力されると、子どもの脳の中で「安心」という感情が生み出されます。こうして、雷→怖い→安心という情報処理がなされていくわけです。

つまり、子どもの感情というのは、「出来事の情報」と「それについて大人から与えられる情報」とを処理する過程で生まれているものなのです。

もちろん、ふだんこんなことは、意識しないでよいことです。でも、このように親子のコミュニケーションは、脳に対する情報入力という役割をもっているので、子どもの感情の発達に深く影響するのです。

ママに抱っこされて、安心したあゆみちゃんが、怖いもの見たさで稲妻を見ているという姿には、安心が得られると、今度は外界への興味がひろがり、知識の獲得に向かうというプロセスがよく現れていますよね。知識を獲得していくためには、「安心していること」「安全であること」がすごく重要なのです。

あゆみママ　えー、無意識のうちに、すごいことが起こっているんですね。そうだとすると、毎日、毎日、膨大な量の情報処理をしているっていうことですよね。びっくりです。

「感情を育てる」ということを、脳の情報処理過程という視点から捉えなおしてみると、子どもたちの感情を育てるために何が重要なのかということが見えてきます。

安全・安心の感情を自分の身体の中に育てられている子が、挫折に強いたくましい子であり、強さ・たくましさがあってはじめて、他者に優しい思いやりのある人間に育つことができるわけです。

ここで言う強さ・たくましさとは、パリンと割れてしまうガラス玉の強さではなく、ボヨーンとへこんでも跳ね返すゴムボールのような強さを意味しています。

このような心の強さ・たくましさの育ちは、「危機的状況」に対してどのように脳が情報処理するのか、ということと関係があります。

2　「弱さ・脆さ」と「強さ・たくましさ」

「危機」に対する原始的防衛の仕方としては三つの行動スタイルがあると言われています。それは「たたかう」「逃げる」「かたまる」という行動です。原始的防衛ですので、虫や動物などでも同じです。

たとえば、かまきりのように勇猛に向かってくるのは「たたかう」防衛、とかげのようにするするといなくなるのは「逃げる」防衛、ダンゴムシのように丸まって動かなくなってしまうのは「かたまる」防衛です。

虫や動物は、種の特性によって、生き延びるための防衛反応の仕方が決まっているかもしれませんが、人間の子どもの場合、たたかう子どもも、逃げる子どもも、かたまる子どももいて、いずれかの反応をとることができます。

原始的防衛というのは、脳の情報処理過程の中で起こることです。つまり、危機にさらされているという情報が入力されたときに、身を守るために脳が情報処理して、行動するということを意味しています。大人になると、「原始的」ではない防衛スタイルをとることができるわけですが、幼い子どもの脳にとっては、それは自然な情報処理過程なのです。

「たたかう」防衛を使っている子どもは「攻撃的な子ども」になりますし、「逃げる」防衛を使っている子どもは「落ち着きのない子ども」になります。「かたまる」防衛を使っている子どもは「感情を封印することにより適応する子ども」となります。「かたまる」とは、自分を危機にさらしている不快感情の流れが「かたまる」ということを意味しています。

通常、攻撃的な子どもや、落ち着きのない子どもは、その問題行動が目立つために、問題と見なされやすいのですが、「かたまる」防衛をしている「感情を封印することにより適応する子ども」は、思春期以降問題が表面化するまで気づかれずに、大人に迷惑をかけない「よい子」として評価されて育っていることがよくあります。

この「感情を封印することにより適応する子ども」については、あとで、詳しく述べたいと思います。

いずれも、これらの反応は原始的防衛ですので、このような形で自分の身を守る子どもたちというのは、とても弱く、脆い子どもたちだと言うことができます。攻撃的になる子どもは、一見強そうですが、それは弱さの裏返しの姿です。

追いつめられた虎の子どもが、歯をむきだしてうなっている姿を想像してください。弱いのに自分一人で自分の身を守らなければならない状況にあるとき、子どもは攻撃的になるのです。

それでは、挫折に強い子、たくましい子に育てるにはどうしたらよいのでしょうか？

そのためには、「怖い、悲しい」という強い感情が喚起されるような場面に出合ったときに、子どもが思いっきり、泣いたり、怒ったり、怖がったりして、自由に感情表出することが保障されるということが必要なのです。泣いたり、怒ったり、怖がったりすることができるためには、それを受け止めてくれる大人が存在している必要があります。

「危機」にさらされたときに、大人が守るというのは、哺乳類の一部と人間にしかできないことかもしれません。ちゃんと大人に保護されている子どもは、大人に守られることで身を保護しますから、原始的防衛を使わなくても安全が確保されるのです。

つまり、「たたかう」「逃げる」「かたまる」という原始的防衛を常に使わなければならない状態に置かれている子どもは、きちんと大人の保護が得られていないからなのです。危機にさらされたときに、その感情を自由に吐き出し、抱きしめてもらうことができると、「怖い、悲しい」という強いネガティヴな感情も、大人の安心・安全に包み込まれることで、安全なものとして抱えることができるようになるわけです。

そのようにして育つと、大きくなったときに、たとえ挫折感を味わうような危機的状況にさらされても、自分自身の安全感を自力で確保することができるようになり、ネガティヴな感情を安全にコントロールすることができるようになるのです。

それが、挫折に強い子、たくましい子です。そしてそれは思春期以降、徐々に実現していくものです。小学生のうちは、子どもはみんな弱虫で、泣き虫で、甘えん坊であることが必要なのです。

では、人間の子どもにとっての「危機」とは何を意味しているでしょうか？

まず、生命が脅かされるような出来事は、当然「危機」になります。災害やテロ、戦争、交通事故や犯罪被害などは、大人にとっても子どもにとっても重大な危機です。見落とされがちですが、出生直後の生死をわけるような病気や手術の体験も、子どもにとっては、重大な「危機」になります。このような危機に対しても、「たたかう」「逃げる」「かたまる」といういずれかの原始的防衛で子どもは対処します。

交通事故で治療を受けなければならない子どもが、逃げてあばれて、看護師さんにかみつくとき、事故の恐怖に対する原始的防衛反応だと理解してもらえることは、あまりないかもしれません。身体の治療を拒否することに対して、「がまんできない子」として叱責されてしまうかもしれません。でも、本当は怖くて怖くて、わけがわからなくなっているのです。

しかし、子どもの場合の「危機」は、このような誰から見ても「危機だ」と認識されるような出来事だけではありません。人間の子どもは大人の保護なくしては生きていかれない状態で生まれてきて、脳が完成するために一〇年かかり、身体が生殖可能な大人の状態になるのに一五年かかり、社会的な意味で大人になるのに二〇年かかるわけです。ですから、子どもは、大変未熟な状態にあり、簡単に「危機」に陥ってしまいます。

子どもの「危機」は、子どもが「怖い、悲しい」といった強い感情を喚起されるような場面だと考えてみてください。前述したように、災害やテロ、戦争、交通事故、犯罪被害、病気や手術などは、当然「怖い、悲しい」という強い感情が喚起される場面です。

しかし、実際には、子どもが「危機」に対する原始的防衛を働かせなければならない場面は、日常生活の中に多く潜んでいるのです。

一生懸命に子どもを育てたいと願っているのに、どうしても子どもを見るといらいらしてしまい、虐待的な関係に陥ってしまう場合や、夫婦の間がうまくいかず、夫婦間暴力がある場合など、日常的に家庭の中に暴力があるということは、常に「怖い、悲しい」という強い感情を喚起させますので、子どもは「危機」の中にいるということになります。

また、親自身が深刻な病気になったり、リストラにあったり、祖父母の介護があったりなど、一生懸命に生きているのに、どうしようもない不条理の中で苦しんでいるときも、子どもは「怖い、悲しい」という強い感情にさらされていることになります。しかしながら、そのようなときには、子どもは愛する親に心配をかけないために、ほとんどの子どもが「かたまる」防衛をして「よい子」になります。

第1章で、ネガティヴな感情の社会化というお話をしました。子どもが、生理現象として感じる怒りや憎しみや悲しみや不安などのネガティヴな感情を、ママやパパが察知して言葉にしてあげて、抱きしめてあげることで、そのような不快な感情を安全に抱えることができるように育つ、という話です。

日常的な関わりの中で、ネガティヴな感情が社会化される機会を得ずに育ってきた子どもの場合、危機にさらされ「怖い、悲しい」という強い感情が喚起されるような出来事に出合ったときには、そもそもその感情をどのように現実的に処理してよいかわからないということが生じてきます。そのような場合、常に「かたまる」防衛をして感情を封印することで自分の身を守る習慣がついていくということを意味しています。それを専門的には、解離様式による適応と言います。

たとえば、雷と稲妻を見て「怖い怖い」と母にしがみついた子が、「あんな遠い雷にいちいちおびえるんじゃないの!」と言われたら、子どもは泣きやみますが、その「怖い」感情は「かたまる」という防衛によって処理されたことになります。

先ほどのあゆみちゃん親子のような会話がなされた場合、雷→恐怖→安心、というふうに情報処理されましたが、この子の場合は、雷→恐怖→かたまる(感情を封印する=解離様式による適応）というふうに情報処理されたことになります。このようなことが繰り返されてしまうと、ネガティヴな感情は社会化されず、日常的な出来事であっても、容易に子どもにとっての外傷体験になってしまうのです。

ゆうたママ　要するに、泣くのが大事だということはわかりました。親にちゃんと保護されていないと、ちょっとした危機でも大きな危機だと子どもは感じてしまって、たたかうとか、逃げるとか、かたまるとかの防衛をしてしまうってことですよね。それは、虐待とかＤＶ（夫婦間暴力）とかがある場合だけじゃなくて、家族の中に避けられない不幸がある場合でもそうで、さらに、子どもが「よい子」でいてくれることを求めるあまりに子どものネガティヴな感情を親が受け止められないという場合であっても、同じことが起こっていて、実は子どもを保護しているこ とにはなっていないっていうことなんですね。

あゆみママ　そう考えると、私たちって、昔に比べると豊かに暮らしていて子どもは当然保護していると思い込んでいるけれど、実はちゃんと保護していない面があるってことですよね。ひとごとじゃないです。あゆみに泣かれると怖いなんて思っていた私は、まったく子どもを保護していなかったってことになるものね……。大人じゃなかったってことですね。

特に明確に子どもを愛せなかったということではないのに、一生懸命に子どもを育てているのに子どもが育たないという問題が、ごく一般的に起こってきてしまっているわけです。明確に子どもを育てる環境として問題があったと思われる家庭からのみ、子どもの困った問題が起こっているのではなくて、大事に大事に子どもを育てているごくふつうの家庭からも、問題が起こっているということが、ますます子育てに対する不安感を強めてしまっているのです。

3　外傷体験と自然治癒力

外傷体験というのは、心が傷つく体験のことです。外傷体験とは、先ほど述べてきた「危機」と感じるような出来事をさしています。

「心が傷つく」ということは、脳の情報処理過程の中でいつもと違うことが起こっているということを意味しているのです。つまり、心的外傷（トラウマ）とは、脳の中の記憶をめぐる情報処理過程の問題なのです。

これまで述べてきたような理由で、弱さ、脆さを抱えてしまっている子どもたちは、成長していく途上に起こるさまざまな出来事の中で、心的外傷（トラウマ）を受けやすくなってしまいます。特に、「かたまる（感情を封印する＝解離様式による適応）」という原始的防衛をとることで適応して、ほめられてきた目立たない子どもたちは、弱さ、脆さを抱えていることに気づかれることもなく、よい子として育っていきます。でも、内面はとても傷つきやすい状態にあるのです。

ここで、心的外傷（トラウマ）について、わかりやすくお話しておきます。子どもに多い「いじめられ」の被害による心的外傷（トラウマ）を例にとってみましょう。

けんじくんは小学校二年生のときに、クラスの中でいじめられ、ばい菌扱いをされてしまうということが一年続きました。担任の先生は、「ばい菌」扱いをしてけんじくんから給食を受けとらなかったり、けんじくんにプリントを渡さなかったりする子どもを見かけたときには、その都度、叱るという対応をしていましたが、大人がいなければ同じことが繰り返されていました。

けんじくんは、朝になると「学校に行きたくない」という気持ちでいっぱいになり、玄関で動けなくなりました。ところがけんじくんが、朝、ぐずぐずしていると、あとで祖父母が嫁であるお母さんに「しつけがなっていない」と叱るのです。お母さんのことが大好きなけんじくんは、お母さんに笑顔を見せて「行ってきます」と学校に行くようになりました。

小学三年生になって、クラスが代わり、いじめられることはなくなりました。ところが、二学期になったころから、学校のチャイムの音を聞くと、身体がふるえ、恐怖に襲われて登校することが困難になってしまいました。いまのクラスには、いじめる子はいないことはわかっているのに、身体が反応してしまうのです。お母さんを困らせないようにしたいと思っているのに、恐怖で硬直してしまうのです。

学校に行けない自分を前にして、祖父母に責められるお母さんを見ているうちに、けんじくんは、「お母さんを困らせてしまうぼくはいないほうがいい人間なんだ」と思うようになりました。

このような場合、小学一年生のときの「いじめられ」がトラウマになって、ＰＴＳＤ状態を引き起こしたとみたてることができます。ここで言う「トラウマになる」とはどういうことを意味しているのか、説明してみたいと思います。

人の記憶には五つの要素があると言われています。①認知②感情③身体感覚④視覚⑤聴覚の記憶の五つです。

けんじくんの場合、「小学二年生のときに、誰々にこんないじめを受けた」という記憶は①認知の記憶です。そのときに「とても怖かった、悲しかった、つらかった、腹立たしかった」というのは②感情の記憶です。学校に行こうすると「身体がふるえる、緊張する、心臓がどきどきする」のは③身体感覚の記憶です。いじめられたときの「友だちのにやにやと笑う顔。無視する顔。にらむ顔」の記憶は④視覚の記憶にあたります。そして「ばい菌という声。くすくすと笑う声。チャイムの音。机を動かす音など」は⑤聴覚の記憶になります。

通常の記憶では、これら五つの記憶の要素はひとまとまりのセットになっており、そのまま脳の中で「長期記憶の倉庫行き列車」に乗って、情報処理されていきます。

「情報処理される」とは、日常的な感覚としては「ごくふつうに忘れていく」ということを意味しています。「過去の記憶」として落ち着くとも言い換えられます。

ところが、人が衝撃を受けたときの外傷記憶では、これらの記憶の要素がばらばらに切り離されることになるのです。通常の反応としては、①認知の記憶は明確に覚えているが、そのときに伴っていた②感情の記憶、③身体感覚の記憶、④視覚の記憶、⑤聴覚の記憶はばらばらになってしまうことが多いようです。このばらばらにするという作業が、脳が自動的に身を守るために行う「解離の防衛」というものです。

この防衛反応のおかげで、危機的場面においても冷静に対処することができるわけで、「解離の防衛」は「能力」でもあるのです。けんじくんは、この解離の防衛によって、「お母さんのことが大好きなので、お母さんに笑顔を見せて『行ってきます』と学校に行くように」なったのです。

ところが、このようにばらばらにされた記憶の諸要素は、ばらばらであるがゆえに「長期記憶の倉庫行き列車」に乗ること（＝情報処理されること）ができません。つまり、乗り遅れた記憶の要素の断片は、「過去の記憶」になることができずに「現在」という時間の中でさまよいはじめるのです。

するとなんらかの刺激が「ひきがね」になって、これらのばらばらな記憶をリアルによみがえらせるという現象を引き起こすのです。これをフラッシュバックと言います。そのために、いじめられていた当時に感じていたはずの感情や身体感覚が、「過去」のことでありながらも、「現在」においてリアルに再現されてしまうのです。そのために現在は安全であるにもかかわらず、危険にさらされている恐怖が持続するということが起こってしまうわけです。

けんじくんの場合、チャイムの音や友だちの目や校門などが「ひきがね」になって、いじめられていた当時に感じていた恐怖の感情がフラッシュバックして、身体がふるえてかたまってしまうのでした。いまのクラスにはいじめる子はいないということが頭ではわかっていても、恐怖で硬直してどうにもならないのです。

このように「トラウマになる」とは、自分に衝撃を与えた出来事の記憶が、脳の自然な流れとして情報処理されることができなくなっていて、「過去」の情動や身体感覚や視覚や聴覚の記憶が「現在」リアルに存在するというような脳の状態に陥っているということを意味しているのです。

あゆみパパ　トラウマって、よくテレビでも聞くし、わりと安易に「トラウマだからさ」とかって話すけど、本当はまったく理解していなかったんだってことがわかりました。脳の話とかむずかしいけど、要するに、自分の意識の力でコントロールできることじゃなくなってしまうっていうことなんですね。

それにしても、子どもって、そんなに簡単に、こんな大変なことになってしまうんですか？

ゆうたパパ　そんなに簡単にトラウマになっちゃうとすると、心配になってくるね。だけど、同じようにいじめられても、そんなふうになる人とならない人がいるでしょ？

それって、どうしてなんですか？

そのとおりです。その違いに大きな影響を与えているのが、家族など周囲の大人とのかかわり、コミュニケーションなのです。

けんじくんの場合、朝、学校に行きたくないという強い感情が身体から湧きあがってきていたわけですが、子どもは自分の身体の中の不快な感情を、言葉で大人が納得するように説明できるわけではありません。それでぐずぐずしてしまいます。ぐずぐずしているけんじくんとお母さんの朝の「すったもんだ」を見ている祖父母は、お母さんのしつけがなってないから、ぐずぐずするのだと、お母さんを叱るわけです。その様子を見ているけんじくんは、自分のせいでお母さんが困っているということがわかります。

幼い子どもというのは、お母さんが大好きですし、お母さんのためなら何でもできちゃうのです。自分のネガティヴな感情を封印して元気になること、つまり、解離様式による適応ができちゃうわけです。それは親孝行ということでもあるわけです。

つまり、このような家族の関係の中で、けんじくんは、自分の泣きたい感情、怒りたい感情、悲しい感情を封じ込めてしまったわけです。それは「解離」という防衛によってなされている脳のはたらきなので、トラウマになってしまうわけです。

ですから、朝、ぐずぐずして、いやだーって泣いて、学校行かない、怖い、悲しいって叫んで、お母さんに抱きしめてもらうことができていたら、トラウマになることは予防できたのですね。いじめられがなくなるまでは、学校に行けないかもしれませんが……。

ゆうたママ　えっ？　でも、結局は、いじめられている間は、学校に行けないってことなんですか？

いじめについては、あとでまた詳しく述べますが、教室で起こっているいじめの問題はクラス全員の問題なので、それを解決する責任は教師にあります。ですから、教師がいじめのない安全な学級にしてくれたら、当然学校に行くことができます。

ですが、現実的には一生懸命にやっていても、そうはいかないことも多いので、親の自衛策として、子どもの傷が最も軽くすむためには、いじめられている（＝危機に満ちている）ところには行かないというシンプルな防衛をとったほうが、後遺症にならないということです。

もちろん、のぞましい解決ではありませんが、無理に行かせることで傷を深くすることのほうがもっと深刻なのです。

ゆうたママ　ああ。現実は厳しいんですね……。

あゆみママ　うん。でも、要するに、子どもがつらいときに、親がちゃんとつらかったねって、抱きしめて守ってあげられれば、そのときはつらいけど、トラウマみたいな後遺症にならないで、子どもを守ってあげることができるってことなんですね。

そうです。つらい体験をしたことに対して「がまんしなさい。泣くんじゃない」と言われる場合と、「つらかったね。いっぱい泣きなさい」と言われる場合では、そのつらい出来事が人に与えるダメージというものには、あきらかに違いが生まれるのです。

つまり、家族や教師などの周囲がその出来事について、どのように語るのかということは、出来事の意味づけを決める文脈としてとても重要な意味があるのです。大人がその出来事をどのように意味づけ、どのように語るのかということを通して、子どもは自分についての認識というものを形成していきます。

けんじくんの場合のように、「ぼくはいないほうがいい人間なんだ」という自己認識が生まれていくと、それはトラウマを持続させる重要な要素になってしまうのです。

「トラウマ」は、記憶のメカニズムに由来するフラッシュバックという感情・身体反応（身体面）と、その人の生い立ちや関係性の中で構成されている自己否定的な物語（認知面）という二つの側面から成り立っているのです。

ですから、親子のコミュニケーションは子どもの感情を育てる上で、とても重要な役割を果たしているのです。

ゆうたパパ　反省させることはいいことじゃないかと、ふつう思いますけど、「自分が悪いんだ」って思うことは、いいことではないんですか？

そうですね。一般的にはそういう思い込みがあるかもしれませんね。反省することで改善することができるというのは、とてもレベルの高い内的仕事だと思います。

健康な大人の場合は、そういうことも可能でしょうが……。大人であっても、落ち込んでうつになってしまう場合もあるわけなので、反省することで改善できるということは、とてもむずかしいことなのだと思います。

ましてや成長途上にある子どもは、自分を否定的に認識してしまうと、心や感情の発達に重大なダメージを受けることになるのです。

あゆみママ　ところで、けんじくんは、どうして、いじめが続いていた二年生の時期には学校に行けていたのに、いじめのないクラスになってから、フラッシュバックが起こって学校に行かれなくなったんですか？

「トラウマが治る」ということがどういうことなのかをご説明すると、そのなぞが解けると思います。

「トラウマが治る」とは、ばらばらに切り離されている記憶の要素がひとまとまりのセットに戻り、「長期記憶の倉庫行き列車」に乗ることができるということを意味しているのです。そうすると、過去の出来事が本当に過去のものとなり、「ごくふつうに忘れていく」ことができるようになるわけです。

「ごくふつうに忘れる」とは、記憶がなくなることを意味しているのではなく、記憶に伴う痛みがやわらいで「セピア色の思い出」になっていくということを意味しています。いじめられた記憶も、「セピア色の思い出」になれば、「昔そんなことあったけど、いまはもう大丈夫」という乗り越えた状態になるわけです。

ところが、「ばらばらに切り離されている記憶の要素がひとまとまりのセットに戻り、長期記憶の倉庫行き列車に乗る」ということは、身を守るために解離させていた感情や身体感覚などを元の記憶としてひとまとまりに戻すということを意味しているのです。

それは、いじめられていたことを思い出し、ふるえながら「怖い!!　くやしい!!」と泣きじゃくり、怒りを吐き出し「私は悪くない」というふうに認識できるようになる、ということです。つまり、治るためには、もう一度、つらい体験を再体験するという仕事をすることになるわけです。

子どもの脳はまだとても柔軟なので、クラス替えによって危機が去って、安全な環境が保障されると、自ずと脳の中で正常な働きを取り戻そうという動きがはじまります。これが自然治癒力というものです。自然治癒力によって、ばらばらに切り離されていた記憶を集めてひとまとまりにしようとする脳の働きが生じるわけです。

そうすると、けんじくんのように、学校に対する恐怖の感情や身体がかたまってしまうという身体反応が、フラッシュバックとして生じることになります。フラッシュバックは、PTSD（心的外傷後ストレス障害）の症状でもありますが、それは同時に、脳の中で治ろうとする動きがはじまったということをも意味している現象なのです。

それは、いじめられていた当時と同じことが、けんじくんの記憶を通していま再現されているという状態ですから、言ってみれば、親としてもやり直しをするチャンスが与えられたという状況でもあるのです。

ゆうたママ　え？　どういうことですか？　なんかわかんなくなってきちゃいました。

つまりね、さきほど「朝、ぐずぐずして、いやだーって泣いて、学校行かない、怖い、悲しいって叫んで、お母さんに抱きしめてもらうことができていたら、トラウマになることは予防できたのです」と言いました。

それは、「無理に学校に行かせないで、泣かせて抱きしめればよかったのに」という後悔でもあったわけです。

三年生になって、フラッシュバックが起こって、恐怖にかたまっているわが子の姿というのは、本当は二年生のいじめられていた当時のわが子の姿であるわけです。フラッシュバックというのは、過去にタイムトラベルしちゃっている状態ですから、そのときに親もいっしょに過去にタイムトラベルして、「こうすればよかったのにというケア」をやり直すことができるってことなんです。

ゆうたママ　ということは、「怖かったね、悲しかったね、泣きたかったね」って、いっしょに泣いて抱きしめてやればいいということ？

そうそう。幼い子どもの場合、親のそのようなかかわりが何よりも大きな治癒力をもたらすのです。子どもの場合、精神科に連れて行けば、親が何もしなくても治してもらえるというようなことはないんですよ。親が子どもを抱きしめる覚悟をすることで、治してあげられることが、たくさんあるのです。

子どもの問題や症状は、子どもの自然治癒力から生まれていることがたくさんあり、治ろうとして「助けて」と大人に訴えるサインです。そこに子どもの豊かな「生きる力」があります。

二年生のときのぐずぐずするとお母さんが困るからと恐怖や悲しみを感じないようにして学校に行っていたけんじくんと、三年生になってからのお母さんが困るのはわかっているけれど恐怖で身動きとれなくて学校に行かれないけんじくんとでは、どちらが「生きる力」が強いと思いますか?

第1章の「子どもの人の迷惑かえりみずのエネルギーが生きる力です」という話を思い出してください。三年生になってからのけんじくんは、お母さんを気遣うことができなくなり、まさに「人の迷惑かえりみず」の状態になっています。しかしながら、それによって回復し成長していくチャンスをつかむことができるわけです。

けんじくんの「生きる力」が湧いてきたからこそ症状を出すことができたということなのです。そのために安全な環境が保障されることが重要だったということです。

子どもは成長途上であり、いわば未完成な状態にあるわけですので、すでに完成している大人の問題や症状の場合と同じようには考えてはいけないのです。

あゆみママ　そうなんだぁ。でももし、あゆみがそんなふうになったら、なかなかそんなふうには考えられないだろうなぁ……。

ゆうたママ　それでけんじくんはどうなったんですか？

まず、担任の先生も親も、現在の環境が安全なものになったから、症状が出はじめたのだということを、しっかりと認識することが大事です。その上で、親が覚悟を決めて、けんじくんの恐怖や悲しみを、理屈ぬきで抱きしめることができると、子どもは自分の思いを吐き出すことができるようになります。

けんじくんは、教室でどんなにつらかったか、お母さんが祖父母に叱られているのを見るのもどんなにいやだったかということを、自分で話すことができるようになりました。お母さんはそれを聞いて、けんじくんのためにがんばろうと覚悟がもて、祖父母に対して自分の考えをはっきり言うようになり、夫にも協力を求めることができるようになりました。

学校では、担任がけんじくんの恐怖をよく理解し、けんじくんが担任を心から信頼できるように、家庭訪問を続けました。そして、けんじくんは困ったことがあったら、担任が助けてくれるという思いをもつことができるようになり、少しずつ、登校することができるようになりました。

4　親子の悪循環と回復力

子どもの心の世界は、以上述べてきたように、たくさんの出来事と周囲のかかわりの中で、まるで織物を織られるようにして、年月の中でつくり出されていきます。

もって生まれた体質や性格や能力などによって、最初から太くて丈夫な糸をもっている子どももいれば、弱くて繊細な糸をもっている子どももいるのですが、その糸の性質にあわせて、織り方の力具合を工夫してやると、それぞれの個性的な絵柄が写しだされてくるわけです。

これまで述べてきたトラウマの話は、途中で糸が切れそうになったり、糸が絡んでしまったりするということにあたります。そんなとき、上手に糸を補強したり、ゆっくり元に戻ったりしていかれれば、また、きれいな絵柄を織り込んでいけるのですが、糸が切れたまま織り続けたり、絡まっているところを無視して織り続けたりしてしまうと、絵柄に穴があいたり、ぼこぼこになったりしてしまうということなのです。

問題や症状は、「ちょっと待って、織るのをやめて」と大人に教えてくれるための「助けて」のサインなのです。なぜなら、そのままを織り続けていたら、できあがったとしても、すぐに破れてしまう織物になってしまうからです。

ところが、親心としては、この事態をそう簡単に受け入れるわけにはいきません。

あゆみママ　そうですよ。自分の子どもだけ、まわりの子より劣っているのかなって、どうしてまわりの子たちのように同じにちゃんと育たないんだろうって、すごく落ち込みそうです……。

ゆうたママ　そうそう。私なんかは、落ち込んで、怒って、いらいらして、あたりちらしてしまいそうです。

親の気持ちとして、それは当然のことです。子どもが大事だから、健やかに育ってないのかもしれないということは、親には恐怖にも近い不安を引き起こします。

つまり、子どもの問題や症状というものは、親自身をも「危機」に陥れるわけです。

先ほどの「危機」の話を思い出してください。「危機」に陥ったとき、原始的防衛としては「たたかう・逃げる・かたまる」という反応があるという話をしました。親は大人であるけれども、親が子どものことで「危機」を感じたときというのは、この原始的防衛に陥ってしまうことが、なぜか多いように感じます。

特に母親というものは、わが子のこととなると、冷静でいることはきわめて困難になるものです。おそらく、母性というものが本能的、身体的なものだからなのでしょう。仕事上の危機に対しては、きわめて冷静に対処できる女性であっても、わが子のこととなると「たたかう・逃げる・かたまる」防衛になってしまうものです。

「逃げる」防衛としては、子育てがいやになって放棄して遊んでしまうというようなタイプが当てはまるかもしれません。よい子に育てたいと熱心に子育てをしている親たちは、たいてい「たたかう」か「かたまる」防衛に陥りやすいわけです。

ゆうたママ　私は「たたかう」タイプですね。もう、心配のあまりいらいらしてどうしようもなくなります。

あゆみママ　私は「かたまる」タイプですね。フリーズしちゃって、真っ白になりますもの。

そういう反応になってしまうということ自体が、母性の裏返しなのだろうなと、私は思っています。母性が豊かだから、子どもに対する心配は容易に親にとっての「危機」になるわけです。ですから、お父さんたちは、母親というのはそういうものだとお考えになってください。ちょっと冷静にかつあたたかく、サポートしてくれることで、母親に「安全」を与えてくれると、お母さんたちも、ゆとりをもって、危機に対処することができるようになるものです。

ゆうたパパ　母性が豊かだから、いらいらしているんですね。いやぁ、いままでそんなふうに考えたことはなくて、どうして、もう少し冷静になれないのかとあきれていたのですが、母親だからこそ、そういうものなんですね。

あゆみパパ　俺は、母親が弱いから子どもに向き合えないのかと思っていましたけど、母性がちゃんとあるから、不安がそれだけ強いってことだったんですね。父親の役割って、もしかして、子どもに直接どうこうするってことよりも、母親に安全を与えるってことのほうが、大事なのかもしれませんね。

ゆうたパパ　なるほど。そう考えると、そのほうが、父親の役割として何をすればいいのかわかりやすいね。

特に子どもが幼いうちは、泣いたときに抱いてほしいのはママで、パパが抱いても満足しない様子などを見ると、パパたちはがっかりしてしまうけれど、ママを支えるってことを通して、母子を守っていると、子どもが思春期になって本当に直接パパとのかかわりが重要な役割をもつ時期にきちんとその役割を果たすことができるようになります。

さて、ところが子どもの問題や症状という、親にとっての「危機」において、親の原始的防衛というものは、一時しのぎにしかならないのです。そしてそれは、まったく不本意にも、子どもの問題や症状を増幅してしまうものなのです。そこに、子育てのつらさ、苦しさ、先の見えなさがあります。

わかりやすい例として、不登校の場合で説明してみましょう。

子どもが朝になると腹痛を訴えて学校に行きたくないとぐずるということが一週間も続けば、親は非常に強い不安を感じます。朝がくると親の身体の中を強い不安の感情が流れます。それは親にとっての「危機」なのです。

もしもゆうたくんのママだったら、どうなっちゃうと思いますか?

ゆうたママ　私だったら、「どうして毎朝、毎朝、そうやって、ぐずぐずしているの?　他のみんなを見てごらん!　みんなちゃんと行っているでしょ!　さっさと準備しなさい!!」って怒鳴っちゃうんだろうなぁ。

そうだよね。なぜ親がそんなに怒鳴って叱ってばかりになるのかといえば、それは子どもが学校に行かないという、親にとっての「危機」に対して、親が「たたかう」防衛モードにはいってしまうからなのです。親が襲われている強い不安の感情が親自身にとっての「危機」だからなのです。親自身の身体の中に湧きあがってくる強い不安という感情とたたかうために、かっかと熱くなってしまうのです。

そのような毎朝を続けていると、子どもがますます学校に行けなくなってしまうのは目に見えています。なぜなら、なんらかの理由で学校に行きたくないという強い感情が子どもの身体の中に湧きあがってきていて学校に行けないのに、親は自分の身体の中に湧きあがってきている強い感情に対処することばかりに必死になっているので、子どもは助けてもらっていない上、さらに、自己否定的になるので、問題は悪化するわけです。

ゆうたママ　ああ、そうか。親は自分の感情が楽になることばっかりに関心がいっていて、子どもの感情そのものが楽になるということに目が向いていないんだよね。第1章のところで、「親になる覚悟っていうのは、親が親自身の感情よりも、子ども自身の感情に目を向けて大事にする覚悟をするってことでもある」という話がありましたね。そういうことなんですね。

もしもあゆみママだったら、どうなっちゃうと思いますか？

あゆみママ　私なら……まず、真っ白になっちゃうけど、きっと、これってたいしたことじゃないんだって、ポジティヴに考えようとすると思います。それで、休ませちゃうかも。

だって、行きなさいって言って、泣かれたりしたらそれこそどうしていいかわからなくなっちゃうわけで、行きたくないってそこまで言うんだったら、好きにさせちゃうかな。

あー、これじゃだめですよね？　やっぱり自分の感情にしか目が向いてなくて、子どもの感情に目を向けていないですものね……。

そうね。先ほどの例とは反対に、子どもが学校に行きたがらないという親にとっての「危機」に対して「かたまる」防衛をする場合、自分の身体の中から湧きあがってくる強い不安の感情を封印して、なかったことにしてしまうという反応が起こります。

そうすると親のとりあえずの心の安定は得られるので、子どもが休んでいても、深刻に悩まないでいることができ、明るく楽しく不登校を受け入れるという状態にはいってしまいます。一時的に親子に平和が訪れるのですが、これもまた、問題を増幅し、不登校が長期化します。根拠のないポジティヴシンキングはかえって危険なこともあります。

なぜなら、ゆうたくん、あゆみちゃんのママたちも気づいたように、親がその子どものつらい感情にまったく触れることがなくなってしまうからなのです。子どもの心の中に滞っている強い不安は凍結したまま、何年も放置されることになりますから、心の成長発達そのものにも支障がでてきます。

子どもというものは半年もゆっくり休めば、学びたい、友だちと遊びたい、学校に行きたいという願いを再びもてるようになるものです。親が自分の身体の中から溢れてくる強い不安の感情を回避することにばかり必死になってしまうと、子どもへの支援がまったくできないまま、何年も経過してしまうことになるのです。

あゆみママ　でも、よく聞く話で、学校を休んでいいんだと親が受け入れてしまえば、子どもは元気になって、学校に行かなくても、ちゃんと育つって言いますよね。それとは違うんですか？

それはそうなんですよ。その場合の「学校を休んでいいんだと親が受け入れて」のところのプロセスの違いなのね。親が自分の中に湧きあがってくる不安を簡単に回避せずにぐっと抱えたまま、子どもの感情をきちんと抱きしめるというプロセスを経て、子どものつらさをしっかりと親が抱えた上で「あなたを支えていくから」という覚悟を親が決めたという状態で、「学校を休んでいいんだ」という境地に至ったとき、子どもは安全な家庭という環境の中で、回復して成長発達していくことができます。

その場合、初期は明るく楽しく休めるようになることが大事ですが、子ども自身が回復してくれば、復帰に向けての苦悩も抱えるわけで、終盤は復帰に向けての苦悩を親がいっしょに支えるという仕事が必要になってきます。ですから、親が自分の感情よりも子どもの感情を大事にできるという関係性の中であれば、学校を休んでいても、ちゃんと育つのです。

あゆみママ　なるほど。要するに、子どもが問題や症状を「助けて」のサインとして出したときに、親自身がすごく不安になって危機的状況になるわけですけど、親は大人なんだから、自分自身の危機を回避することよりも、子どもを守ることを重視するということができれば、子どもを助けてやれるわけですよね。

考えてみれば、子どもが元気になれば、親の不安もなくなるのだから、親の危機はあとまわしでもいいわけですよね。

親が「危機」に際して「かたまる」防衛をすることで、自分のネガティヴな感情だけでなく子どものネガティヴな感情にも触れることがなくなるという傾向は、不登校に限ったものではありません。むしろ、学校適応がよく親の理想どおりに成長していると思われる子どもたちのSOSのサインに対して、そのサインをなかったことにしてしまう親の典型的な反応なのです。たとえば、にこにこ元気に楽しく学校に行き、塾にも行き、毎日がんばっている姿を見せてくれている子どもが、リストカットをしている場合や、小動物に残酷な行為をしている場合などの、親の反応です。

このような状況によって引き起こされる不安が、親を容易に「危機」に陥れるほどのものであろうことは想像に難くないことだと思います。ですから、それは「たいしたことではないはず」というポジティヴシンキングとともに、そこで喚起される巨大な不安は封印されてしまい、ほとんど心配しないでいられるという状態に陥ってしまいます。

そのため、このようなケースでは、最初の段階で親ごさんが相談を求めて必死になるという状況が起こらずに、子どものサインはそのまま無効化されて放置され、思春期になってから見過ごすことのできない大きな問題になって、たち現れてくることになったりするのです。

親にとって、学校適応がよいことは、何よりも重視したいことであるので、それさえ保たれていれば、問題をなかったことにしてしまいたいという心理が働くわけです。しかも、親自身が「よい子」で育ってきている場合、もともとネガティヴな感情が社会化されずにそのまま親になっていることもあるので、子どもの問題によって引き起こされる強い不安は、自動的に封印されてしまうということにもなるのです。

ゆうたママ　少年事件のニュースとか見ていると、親がまったく気づいてなくてよい子だと思っていたっていうのが多いけど、それって、そういうことなんですね。変な親だなぁと思っていたけど、私たちと変わらないのかもしれないね……ニュースとか聞いていると、親もPTA役員していたりとか、ふつうの一生懸命に子育てしてきた親なんだものね。

あゆみママ　そうだねぇ。たとえサインがあったとしても、それを認めちゃうととても恐ろしいことになるような気がして、自動的に問題ないって思おうとしてしまう気持ちって、想像できる。他人事じゃない。

だから、単に短絡的に親を責めただけでは、何も解決しないのです。親が自分の身体の中に湧きあがる不安を抱えていけるようになるためには、親自身が「安心・安全」でなければならないのです。親にとっての「安心・安全」を保障するためには、幼い子どもが泣くこと、怒ること、悲しむことをおおらかに受け入れる社会が必要です。

幼い子どものちょっとした悪さやいたずら、やんちゃぶりに対して、おおらかに受け入れる社会であることが必要です。世の中全体が、早熟の「よい子」を求める現代社会において、子育て中の親子は追いつめられるばかりなのです。

『らくだの涙』というモンゴルのドキュメンタリー映画（監督ビャンバスレン・ダバー／ルイジ・ファロルニ）があります。広大なゴビ砂漠の厳しい気候の中で自然の恵みに感謝しながら伝統的な遊牧生活を送る四世代家族の姿を追ったドキュメンタリー映画です。

らくだは、家畜であり、また家族の一員でもあります。らくだが難産の末、子どもを生んだのですが、お乳を与えようとしません。一家は子らくだを育てようとしない母らくだに心を痛め、なんとかお乳を与えるように工夫しますが、なかなかうまくいきません。母らくだに見捨てられた子らくだは放っておけば死んでしまいますから、一家はあれこれと手を尽くし育てますが、母らくだは近寄ろうとする子らくだを拒絶するばかりなのです。

モンゴルには、モンゴルの伝統的音楽である馬頭琴の音がらくだの心を癒すという伝統があるそうです。そこで、一家は町から馬頭琴の名手を呼んできました。そして、馬頭琴の音色とともに美しい歌い聞かせの声が草原にひびきわたります。一家の主婦は母らくだを優しくなでながら、美しく悲しげな声で歌い聞かせるのです。

しばらくすると母らくだは、近寄ってくる子らくだを拒絶することがなくなり、子らくだは母の乳房をくわえて乳を飲みはじめたのです。母らくだの目から涙が流れます。

これは、ドキュメンタリー映像で構成された実際のお話です。

なんて優しい社会なのだろうと思います。子育てしないらくだに、音楽を奏でるという文化の優しさ。なぜ子育てしないのかと原因を追求することもなく、母らくだの非をあげつらうのでもなく、きっとあるであろう見えない傷つきに優しい目を向けて、心やすらかになることを見守るそういう社会が、親子を救うのでしょう。死ぬ思いをして生んだというそのこと自体、母にとっては十分に傷つく体験でもあり、命を生み出すという仕事の重さ、その尊厳に敬意を表すればこそ、母たちは癒される必要があるのです。

第3章　学校でみられる子どもたちの危機の姿

本章では、小学校の先生とのお話を通して、最近の子どもたちの感情の発達がどのように危機に陥っているのかを示し、どのようなかかわりの中で、子どもたちの感情の発達は保障されるのかを考えてみたいと思います。

この時期、小学校では子どもたちの心配な様子が観察されてはいても、毎日学校に登校していれば、親ごさんが「問題」と認識することはあまり起こりません。日常的には、ご家庭で叱ることが多い場合でも、子どもは親に適応してくるので、それでうまくいっているように感じる時期でもあります。

そこで、ここでは、私と小学校の先生とが話しているところを、ゆうたくん、あゆみちゃんのパパとママが聞いているという設定で、書いてみます。

1　幼い子どもたちをどう支援するのか？

佐藤先生　気になっているのは、小学校一年生の子どもたちです。三〇人以上のクラスだと、もう大変で、こっちのけんかを仲裁している間に、あっちでけんかがはじまり……といった具合で、なかなか集団で一斉に集中するということは、ほんとにむずかしくなっています。

ところが、授業参観とか運動会とか、保護者が参観においでになるときには、みちがえるほどに、立派になるんですよ。どうしてこんなにちゃんとできるのに、保護者がいないときには、できないんだろうって不思議に思っています。かといって、保護者の前でちゃんと立派にしている子どもたちを見ていると、これはほんとじゃないでしょう? ほんとはもっと甘えたいんでしょう? と思うことも、たびたびあります。

このような小学校一年生の話は、多くの学校で聞く話ですね。

幼い子どもたちは、親に愛されるために生きている存在なのです。親が望むように、親に愛されるためには、何だってできてしまう、そういう時期にあります。

第1章、第2章で述べてきたように、親が子どものネガティヴな感情、不快な感情がないほうがいいと強く願って育ててきた場合には、子どもたちは小学校に入学する年齢になっても、ネガティブな感情が社会化されないままに育ってきていることになります。

このようなとき、親から望まれている「よい子」の部分の私と、親から望まれていない不快な感情をもっている私の部分との間に壁ができているような感情の状態になっていますから、親の前の顔と、学校での顔とが、別々の様相を呈するということになってしまうのです。

本来は、小学校低学年のうちは、まだまだたくさん甘えたい時期ですし、おうちで甘えることが必要な時期です。ですから、おうちでぐずぐずして泣いている子ども、身体から溢れ出てくる不快感情をそのままおうちで受け止めてもらえている子どもは、意外と学校ではちょっとがんばって、それなりに社会性のある行動をとることができるという段階なんですね。

逆に、おうちでよい子をしていると、学校で足りない分を補うように幼い側面を出してきますので、いつもは三歳児の集団のようで、保護者が参観にくると六歳児になるというような状況が起こっているのだと思います。

佐藤先生　そういえば、家庭訪問したときに、おうちでまだまだ甘えん坊で、学校でちゃんとやれているか心配ですって、おっしゃるお母さんのお子さんは、私から見ると、学校ではちゃんとやっているお子さんだったりするんで、どうしてだろうって、思っていました。そういうことなんですねぇ……。

逆に、お子さんのことを、うちの子はしっかりしているのでまったく心配していないんです、とお話になるご家庭のお子さんが、学校で養護教諭にべったり甘えたり、すぐにかっとしたり、赤ちゃんみたいになっちゃったりするということがありますね。

要するに、学校でがんばって、そのストレスを家で解消するという形になっていれば、感情の発達についてそれほど心配することはないのですが、それがいま、きわめて困難になっているのが現実なのですね。大人を癒す存在として期待されている子どもたちは、生理現象としての不快感情を、おうちで当たり前に表出することが許されないからです。

ゆうたママ　一年生にもなれば、きちんとちゃんとやれて当たり前なんじゃないかって思っていましたけど、まだまだ、家でぐずぐずして当然の年齢なんですね。ついつい、親としては、早くきちんとちゃんとやれないと、不安でたまらなくなってしまうんです。

佐藤先生　うーん。それは、親ごさんたちだけではなく、学校でも同様ですね。子どもたちが規律ある行動をとれないことに対して、一般的にはそれは単に厳しくすることで解決しようとするのが、常識的な考え方なんです。だから、私たちもゆれるところなのですが、この子は単に厳しくして言うことをきかせたところで根本的には何の解決にもならないということは、子どもを見ていればわかるんです。でも、周囲は、「担任が甘やかしているから子どもになめられるんだ」という見方になりますから、迷いますね。怒鳴って、言うことをきかせたほうが、楽でもあるので……。

実際に、体育の時間とび箱が楽しくて、チャイムがなってもやめたくない。次の授業がはじまると、すねて、かんしゃくを起こしてひっくりかえっている、というような小学校一年生の場面で考えてみましょう。

こういうときに、どういう声かけをすることが、子どもの成長に役立つのか、ということなのです。そのような場面で、一生懸命に「どうしたの？」と声をかけてあたふたしていた教育実習生に、ある先生は「甘えだから放っておきなさい」とアドバイスをしたそうです。

この場合、感情コントロールが幼い段階にある子どもが、自分の欲求の制御が困難で駄々をこねている場面です。それに対して教育実習生のように、一生懸命にかまってあげる対応をすることは、確かに甘えを助長し、もっとぐずぐずを長引かせるということは、この先生のご指摘のとおりだと思います。「甘えだから」というのはそのとおりでしょう。

しかしながら、「甘えだから放っておく」という対応は、この子が感情をコントロールできるように育つために役立つかというと、それは多いに疑問なのです。

このような行動をとるということは、子ども自身が自分の身体の中から湧きあがってくる不快な感情、この場合はもっととび箱したいのにできないという欲求不満の感情を安全に抱えるということができずにいる段階だということを意味しています。

それは身体の中から湧きあがってくる不快な感情が、言葉とつながっていないために、言葉で表現することができない段階にあるということ、ネガティヴな感情の社会化がなされていないということです。ですから、子どもがその程度の欲求不満に耐えられる力を育てるためには、まず、そのネガティヴな感情を大人に承認してもらい、言葉とつなげるという社会化のプロセスが必要なのです。

佐藤先生　そうですよねぇ。小学校に入学する前にそこがクリアされているお子さんは、チャイムがなったら気持ちを切り替えることはできるわけですよね。そこができないってことは、その前の段階での課題がクリアされていないってことですから、できないところから補ってあげないと、だめですよね。

ついつい、学校だと、年齢相応にできるのがふつうというところで考えてしまうので、甘やかしてはいけないと思うのですが、放っておくと、そのままの状態で学ぶ機会がないってことですよね。

ですから、小学校一年生にしてはとても幼くて三歳児くらいの感情コントロールの段階だとしたら、三歳児レベルの声かけが必要ということになります。

佐藤先生　ということは、「もっととび箱していたかったんだね」「次の時間になっちゃって、できなくて、とっても残念だったんだね」っていう感じですね。

確かに、「もういいかげんにしなさい。いつまでもそんなことしているとみんなに迷惑でしょ」という声かけと、労力としては同じだけど、子どものその後の反応は違うでしょうね。一人で機嫌を直す時間が短くなりそうな気がします。

ネガティヴな感情を承認するということは、ネガティヴな行為を承認するということとは異なります。感情を承認され、言語化してもらうことは、感情の社会化を促すための支援として重要ですし、感情を承認されることで、気持ちが落ち着くと、次の望ましい行動に自ら移ることが可能になるわけです。

言わば、ネガティヴな行為をやめさせるために、ネガティヴな感情を承認するということでもあります。きちんと感情を承認されて落ち着き、次の行動に移れたときに、ほめてあげると、自分の感情がおさまったときの心地よさを体験することができるので、感情を自分でコントロールすることが強化されるわけですよね。

叱られて、恐怖から感情をコントロールすると、それは恐怖体験ですから、恐怖が与えられない限りコントロールできないという条件づけを生み、子どもの心の健全な育ちにはつながらないと言えるでしょう。

ゆうたママ　ゆうたは、小学校に入ってもそんなふうにやだやだとごねる子になってしまうような気がして不安です。いま、家で毎日そういう状態ですから……。

ゆうたパパ　そうそう。俺もゆうたの将来の姿のような気がして、心配になってきました。

いま、小学校一年生で三歳児くらいになってしまうお子さんの例を取り上げましたが、そういうお子さんはそれまでの六年間、ご家庭でとっても「おりこうさん」にしてすごしてきた場合が多いのです。親ごさんがすごく厳しくて強い叱責でコントロールしてきている場合や、逆に、親ごさんの不安が強くて家庭でぐずぐずできない場合などです。

ですから、三歳のときに三歳なりに親を困らせて、そして抱きしめてもらいながら、適度にがまんするというかかわりをしてくれれば、それほど心配する必要はないんですよ。

ゆうたパパ　だから、「ちゃんと泣ける子に育てよう」ということなんですね。でも、もしも、小学校にはいってそういう幼い状態を示すようになってしまってから気づいたら、もう手遅れなんでしょうか?

そんなことはありません。気づいたときから、いくらでも、軌道修正することは可能です。軌道修正する勇気と覚悟をもてるかどうかということなんだと思います。

山田先生　私は小学校二年生を担任していますが、なんでも一番じゃないとだめで、かっとしてきれちゃう子がいます。いま、お話をきいていて、なるほどおうちではすごくよい子を求められている子ですし、ネガティヴな感情が社会化されていないっていうのは、そうなんだろうなと思います。

この間も、漢字のテストで一問まちがって九〇点だったら、一〇〇点じゃないといやだって、いきなり答案用紙を破ってパニックになっちゃったんです。まわりの子どもたちもびっくりしちゃって、私も「一〇〇点じゃなくても一生懸命にやればそれでいいんだよ」って一生懸命言ってきかせたんですけど、「やだもん!!

やだもん!!」って大泣きで……。「プリント破ったりしたら、先生もお母さんも悲しいよ」って言っても、なかなか通じないんです。

そういうときの声かけの仕方として、「一〇〇点じゃなくても一生懸命にやればそれでいいんだよ」と理屈でどうあるべきかということを教えたり、「プリント破ったりしたら、先生もお母さんも悲しいよ」とまわりの人の気持ちを伝えることによって、感情のコントロールを促すというかかわりは、とても一般的に行われていることだと思います。

しかしながら、そこで置き去りにされているのが、子どもの身体の中を流れているエネルギーとしての感情なのです。

山田先生　ああ、なるほど。この子の身体の中を流れている感情は、「くやしい」気持ちですね。そうか、くやしいって感情が社会化されるプロセスを経ていないから、爆発的に溢れてきて、パニックになっちゃうってことですね。

「先生や親の気持ち」を伝えるんじゃなくて、「この子の気持ち」、つまり「くやしかったね」って言ってあげないと、そもそも自分が「くやしい」ってことを学習していないってことになるわけですね。

そうなんです。こういう低学年の子どもたちは、まだ、自分の感情が何なのかを学んでいる最中なので、「すっごくくやしいんだね」と言ってもらえないと、自分の中を流れる不快な感情を安全に抱えるということを、そもそも学習できないわけです。

佐藤先生　そういう子、いっぱいいるよね。うちのクラスでも、図工の時間に粘土をやっていたときに、ある子の作品を私が「すごく上手にできているねぇ」ってみんなのお手本としてほめたら、そのあとで、別の子がその作品をいきなりぐちゃってつぶしちゃったんですよ。

私は、「どうしてそんなひどいことをするんですか！　お友だちが一生懸命につくった作品を壊したりすることはとっても悪いことです」って、ここは善悪をはっきり指導しなくちゃって思って、叱ったんですけど……。

それだと、頭で善悪はわかったとしても、この子の行動は改善されないということが、いまわかりました。

山田先生　つまり、その子は先生にほめられた子の作品に嫉妬したってことだよね。

佐藤先生　そうなんだよねぇ。まあ、その場ではちゃんと善悪の指導をすることは必要なわけだけど、その子の嫉妬した気持ち、くやしい気持ち、自分も認めてもらいたいっていう気持ちを、言語化してあげることをしなくちゃ、子どもの成長を支援したことにならないってことが、いま、わかりました。ほめられた子の粘土作品を見たときに、「とってもくやしい気持ちになったんだね」って、この子の身体の中を流れた感情を言語化して、くやしいっていう気持ちをもっていても安全でいられるようになれば、手をだしたりしないってことですね。

そういえば、そのことを伝えるためにお母さんに電話したら、いきなり「うちの子がそんなことをするはずがありません」と言われてしまって、絶句してしまったんですよ。おうちでは、ネガティヴな感情を出しても承認してもらえるという関係にはないのでしょうねぇ……。

あゆみママ　私、そのお母さんの気持ちわかります。きっと、お母さんパニックだったんだと思います。自分の子がそんな乱暴なことするなんて、絶対に受け入れられないから、すごく反射的に怒りが湧いてきてしまうんだと思うんですよ。よく考えると、先生には大変申し訳ないってわかるんですけど、たぶん、パニックになって否認したくなるっていう感じ、私、わかります。だって、そういうお子さんもおうちではおりこうさんなわけでしょ？　だったら、なおのこと、信じられなくて、怒りが湧いてきちゃうんですよね。でも、先生にはほんと申し訳ないですよね。

佐藤先生　なるほど。そういうことなのか……。どうして親ごさんたちは、わが子のことをありのままに見てくれないのかなと思っていたのですが、親ごさんたちも不安でたまらないんですね。私も自分を親の立場でふりかえってみれば、それはよく理解できます。

山田先生　低学年の子どもたちの中には、いま、話題に出たような、ちょっとしたことで感情のコントロールができずに、かっとなるタイプの子どもも心配なんだけど、最近、私がすごく気になっているのは、心ここにあらずって感じで、ボーっとしている子のことです。宙を見ているような目つきになっては、ボーっとしていてハッと戻ってくるのがふつうなんだけど、そういう子も増えているように思うんですね。

まあ、ボーっとしているだけで、迷惑はかけていないので、特に問題にはならないんだけど、大丈夫かなぁって……。

佐藤先生　私もそういう心配しています。ある子が、友だちとけんかして言い争いになって、ふつうならわーっと泣いてもいいような場面で、ボーっとなっちゃって、意識がここからいなくなっちゃってるって感じになった子がいました。

そして、しばらくしてふっと戻ってきて、いつもの顔になったら、さっきのけんかのことをまったく忘れちゃったみたいになって、けろっとしているから、これでいいのかなぁって……。うまく言えないけど、意識だけ逃げているみたいに見える感じなんですよ。

山田先生　そうそう。低学年のうちは目立たないけど、ほんとに心が健康に育っているのかなって、すごく心配になります。それもまた、親ごさんは、まったく気にしていないんだよねぇ。おうちではとっても素直ないい子みたいで、習い事もいっぱいしているんだけど……。

佐藤先生　ボーっとした顔になっているときって、意識がここにないから、そういうときに話したことは、はいっていないんじゃないかなって、思うときありますよ。それで忘れ物する子もいたりするような気がします。

ボーっとする子も、かっとする子と同じように、丁寧にかかわりを工夫してあげる必要があります。かっとする子のほうが、ＳＯＳのサインとして大人に気づいてもらえるチャンスがあるのですが、ボーっとなっている子どもは気づいてもらえずに、そのまま心配してもらうこともなく大きくなってしまうということが多いかもしれません。

もちろん、退屈でボーっとしているというのは、誰にでもあることです。ここで問題にしている「ボーっと」というのは、強いネガティヴな感情が溢れてきて、本来であれば、泣いたり、怒ったりする場面において、ボーっとしてしまうということなのです。

この状態は、子どもが自分の身体の中から溢れてくるネガティヴな感情、不快感にもちこたえることができないときに、軽く解離してしまうということが、日常的に起こっているということを意味しています。

学校で集団生活をしていると、毎日子どももなりのストレスに多くさらされています。それは成長するために適度に必要なストレスから、強いダメージを与えるストレスまでさまざまですが、ネガティヴな感情の社会化のプロセスをクリアしていない子どもは、成長するために適度に必要なストレスであっても、危機と認識して、「かたまる」防衛をしてしまうということが起こります。感情を封印して解離様式により適応することが日常化しているという状態です。

そのような場合、佐藤先生のクラスのお子さんのように、友だちとけんかして、本来ならば泣くのが当然という場面で、ボーっとなってしまうということが起こります。これは、けんかというストレス場面において喚起される不快感情にもちこたえることができずに、意識が解離してしまうということなのです。ですから、もとに戻ると、忘れてしまったかのような反応になります。

学校にいることそのものをストレスに感じている子どもが、それでも適応の努力をしていると、意識がここになくなり、ボーっとして適応しているということもありえるのです。そういう状態で登校していると、忘れ物が過度に多かったり、授業に参加してはいるけれど、まったく学習が蓄積されないというようなことが起こっても不思議ではありません。

佐藤先生　それって、病気ってことなんですか？

いいえ。このくらい幼い子どもたちが、日常生活の中で解離することは、サインではありますが、そのことだけを取り出して、病気というものではありません。適応の仕方として、そのような習慣がついているということなのです。しかしながら、そのまま成長してしまうと、大きくなった段階で、診断名がつくような状態像に発展することは十分にあります。

本書で、私は、思春期以降、診断名のつくような状態に育つことを予防するという観点から述べていますし、これまで、見逃されてきたところを丁寧に見ていくという新しい視点を提供していきます。異常なこととして排除するのではなく、子どもを支援するための視点として、お役に立てることを願っています。

佐藤先生　はい。そういう目で見ると、小学校では支援の必要な子どもたちがたくさんいます。不快な感情が湧きあがってきたときに、ボーっとしている子には、どういうふうに支援してあげたらよいのでしょうか？

基本的には、そのときに感じているはずの不快な感情を感じていて当然だよ、という声かけをしてあげることで、その感情を感じていても安全だということを示すということが大事です。それは、カッとするお子さんと同じなのです。不快な感情を大人が抱きしめるというかかわりです。

けんかしたとき、その子はどんな気持ちだったのでしょうか？

佐藤先生　けんかした相手は仲良しの子でしたから、ショックだったんでしょうね。悲しかったんだろうな。そうすると、「とっても悲しかったよね」と言ってあげるということですね。でも、そう言ってあげても、知らんふりされそうな気がします。

自分の身体の中を流れるネガティヴな感情に触れ、それを抱えていても安全だという経験をせずに育ってきている子どもは、そこに触れるのは、とても怖いことなんです。だから、解離して触れないでいられるように防衛するし、まわりの大人がそこに触れようとしても、すぐには反応しないかもしれません。

ですから、日常生活の中で、その都度、もっていて当たり前の感情に触れてもらい、承認してもらうという経験を繰り返すことが重要なのです。本来は、これは、親ごさんといっしょにできるといいですね。親ごさんがそのようにかかわれるようになると、非常に短期間に回復はできます。

あゆみパパ　反省しきりです。あゆみは、いまでも、私に叱られるとボーっとなっていますから、ほんとに親の責任だというのがよくわかりました。このままでは、いくら自分の前でいい子になっても、学校にはいってから、そんなふうになっちゃうってことがよくわかりました。

あゆみが、自分の前でちゃんと泣けるようになるってことが大事なんだということがよくわかりました。泣いたあゆみを抱いてやればいいんですよね。そのほうが、ほんとはずっとラクなような気がします。だって、かわいくて仕方ないんですから……。

山田先生　そうですねぇ。教師である私たちもそうだけど、親ごさんも、ネガティヴな感情を承認したら、わがままになっちゃうんじゃないかっていつも不安に思っているから、それで子どものネガティヴな感情を承認できなくて、悪循環になっているんですよね。私たち教師も、子どもたちの危機をちゃんと感じ取って、親ごさんと協力してやっていけるといいんですよね。

佐藤先生　日常的なかかわりが大事ということ、ほんとうにそうだなと思います。一回でよくなるのなら、苦労しないですよね。

いま、ネガティヴな感情が溢れてきているときに、それに触れるのは怖いこと、という話があったんですけど、泣いてパニックになっている子を抱きしめようと思っても、手で払いのけられちゃって近づけないことがあるんですけど、それも、怖いってことなんですね？

その子は、いつもは私の手があくと、抱っこをせがんできて、甘えん坊というか、とても幼いところがある子です。機嫌がいいときはあんなに抱っこをせがむのに、泣いているときは、絶対に近寄れないんです。「来るな！」って感じになって……。

第1章のところでお話しましたが、親ごさんが抱くのは機嫌がいいときで、泣いたりぐずったりしているときに抱くということがむずかしくなっている場合があるわけです。
子どもは、自分の身体の中を不快な感情が流れて危機にさらされているときに、親に抱いてもらって、安全に包まれることによって、不快な感情を安全なものとして抱えることができるようになる、という話をこれまでしてきました。
自分が不快な感情に支配されたときに、抱いてもらうという経験をしてこなかった子どもは、多くの場合、さらに叱られていたり、その感情を否定されたりもしてきていますので、不快な感情に支配されたら、まわりの大人は危険という認識を自動的にするようになっているのでしょう。ですから、「よい子モード」の状態ではなついていても、「混乱モード」の状態では、大人を安全な存在と認識できないという二面性が育ってしまっているわけです。

佐藤先生　そういうことですか。よくわかります。泣きやむとまた、寄ってきますから。そうすると「来るな！」って嫌がられてもちゃんとかかわったほうがいいってことですよね。不快な感情に支配されても、私が安全な存在としてそばにいてやれば、そういう思いこみは消えていくんですよね。

そういうことです。そのときに、認知の言葉、理屈の言葉で説得するという形ではなく、ゆっくりと呼吸をあわせて、しずかに黙ってそばに座ってやり、様子を見ながら、背中にそっと手をおく、というような「抱きしめ方」で安全を与えていくことが大変効果的です。最初、子どもの速い呼吸に先生があわせて、リズムがあってきたら、先生が呼吸を誘導して、ゆっくりの呼吸にしていくと、子どもも落ち着いてきます。

山田先生　そうそう。そういうふうにパニックにつきあうというのは、障害をもっている子どもにはできるんだけど、どうも「ふつうの子」という頭があると、「早く泣きやみなさい、みんな待ってるよ」的になっちゃうんですよね。でも、子どもの発達段階はさまざまなわけだし、一つひとつのささいなトラブルが日常的に子どもたちの感情の育ちを支援するチャンスだと考えると、むしろ、そういうときに、「悲しかったね」と言ってやりながら、身体で安全を体験するってことを支援してやることは、ほんとに重要な教育ですよね。

子どもが「困ったときに助けを求めて、大人の腕の中で泣ける」ということ、こんなシンプルなことを回復することができれば、子どもたちの感情を育てることはむずかしいことではないのです。そのためには、「だまって泣かせてくれる大人の腕」が必要なのです。「ちゃんと泣ける子に育てよう」というのは、「ちゃんと大人の腕の中で泣かせてもらえる子に育てよう」という意味なのです。

ゆうたパパ　なんか自分たち親が、自分の不安でいっぱいいっぱいになっていて、子どもの感情を育てられなくなっているところを、学校の先生がなんとか補ってくれようとしているということが、よくわかりました。

佐藤先生　私たちも、親ごさんと対立せずに、子どもが大切であるがゆえに大きくなる不安というものに、理解を示さなければいけないなと思います。

2　子どもたちの荒れすさんだ感情をどう支援するのか？

太田先生　ぼくは小学校四年生を担任しています。いま困っているのは、子どもたちがとても乱暴な荒れた言葉を使うということです。クラスの中で失敗した子がいると、すぐに「死ね！」という言葉が飛び交うし、「死ね」「殺す」は日常語になっていますね。そういう言葉を使ってはいけないということを、きちんと授業の中で組み立てて教育したんですが、今度は地下にもぐっちゃった感じで、本質的な改善にはなっていないんです。

要するに、教師の前ではそういう言葉は使わなくなりましたけど、見ていないところでは相変わらずです。授業で教えたことが、教師の前で使っちゃいけないという学習にしかならなかったのかと、残念でならないのです。

昨年はどんなクラスだったんですか？

太田先生　昨年の担任の先生は退職してそれで、ぼくがクラス替えなしで担任のみ変更ということで受け持ちましたが、実は昨年はおとなしかったというんです。どうも、保護者の話では、前担任がかなり厳しかったらしいんです。

ですから、いまぼくは、保護者からは感謝されているのですが、子どもたちは、あたかも昨年のストレスを発散するかのように、荒れています。かわいそうなくらい、大人を信用していないようなすれた感じが蔓延していて、表だっては何もしない女子もノートなど見ると、心がすさんでいることがよくわかります。

なるほど。太田先生のクラスで起こっていることも、あちこちの学校でよくお聞きする典型的なパターンですね。非常に厳しい指導をする教師の前では、子どもたちは言うことをききますし、「よい子」モードで適応します。もともと感情を封印することにより適応するという防衛に慣れ親しんできた子どもたちにとっては、厳しい先生に適応することは、低学年のうちはそれほど苦労しないでしょう。

ところが、その間に、誰にも認めてもらえない、怒りや悲しみや恐怖や不安は、言葉とつながるチャンスを得ることもなく、エネルギーとして蓄えられてきてしまうわけです。その翌年、あたたかい教師が担任になると、とたんに、子どもたちのネガティヴなエネルギーは噴出してくることになります。典型です。

太田先生　やっぱりそうですよね。典型と言われると、ちょっとほっとします。どうしても、学級をまとめられないのは、自分の力量不足なのかなとか、常にまわりから「甘いんじゃないの」というまなざしを感じて、きつかったものですから。

それもよくあることで、子どもたちにあたたかいまなざしを向けている教師のクラスが荒れてしまうと、「甘いんじゃないか」という批判の目が向けられ、そのことで苦しんでいる教師がたくさんいることと思います。それは親たちが、「甘やかしている」という批判を恐れて、子どものネガティヴな感情を受け止められなくなることと、同じ構図になっています。

第2章で述べましたが、子どもは「危機」を感じると解離するのです。そして再び、安全がやってきたときに、子どもの心（脳）は、回復の動きをはじめます。回復というのは、解離させていた感情を統合するために、その感情が溢れてくるというプロセスを意味します。子どもたちは、あたたかい先生との出会いによって、ありのままの感情の状態でいられるようになったわけです。ところが、社会化されていないネガティヴな感情がふつふつと溢れてきて、その適切な表現ができない状態になってしまうわけです。

太田先生　まさにそういう状態です。子どもたちが自分のネガティヴな感情を表現する言葉は、「死ね」「殺す」「うざい」「むかつく」「つかれた」「別に」くらいでしょうかね。確かに、「悲しい」「さみしい」「くやしい」「恥ずかしい」「腹立たしい」というような、ちゃんとした感情をあらわす言葉は出ないです。

現実の大人から認めてもらえない身体感覚としてのネガティヴな感情は、言葉とのつながりをもてずにエネルギーとしてのみ存在することになります。そのような状態でテレビやゲームに浸るとき、自分の身体を流れるネガティヴな感情とフィットする言葉に出合うわけです。いらいらむかむかしているときに、ゲームで「死ね！」と言いながら敵を倒すと、すっきりする。そのようなとき自分の身体感覚とともに、自分の感情をあらわす言葉として、不適切な乱暴な言葉を獲得してしまうのではないかと想像します。

だから、「死ね！」と言っているときには、本当は「くやしい」という気持ちであるかもしれないし、「つかれた」と言っているときには本当は「悲しい」という気持ちであるかもしれないし、「別に」は「不安だ」という気持ちであるかもしれないわけです。

単純な言い方をすると、子どもたちは、ネガティヴな感情をあらわす言葉をまちがって学習してきたといえるでしょう。ゲームやテレビやインターネットの問題は、大人が子どものネガティヴな感情を承認できなくなっている傾向と対になっているときに、子どもに重大な悪影響をもたらすものになると言えるのではないかと思います。

実際、いまでも「死ね」「殺す」という言葉を、怖くて口にできないと感じる子どもたちもちゃんと存在しているのです。自分の中の不快感情を大切にしてもらって育っている子どもたちは、言葉の本当の意味を身体感覚で感じることができるので、「死ね」という言葉を口にすることは恐ろしいと感じることができるのです。

太田先生　そうすると、子どもたちが「死ね！」と言ったときに、そのときに本当に感じているであろう感情の言葉に言い換えてあげることができたら、その感情を適切に表現することの学習をし直せるってことですね。

そう思います。そういうことは可能ですか？

太田先生　うーん。この間、ドッジボールをしていて、最後まで当たらずに上手に逃げていた子に、みんなの期待が集まって、盛り上がったんですよ。そこまではよかったんだけど、結局その子が当てられてそのチームが負けたら、最後までがんばっていた子に対して「死ね！」「死ね！」攻撃で悲惨な状況になっちゃったんですね……。

結局、その場では、ぼくがその子をかばうことになりますから、ますます攻撃してくる子どもたちの不満は高まるってことになって、大変でした。ぼくがその子をかばうと、ますます攻撃が強まるってことはわかっているんですが、あまりにもかわいそうな状況で、ぼくが攻撃してくる子を叱るという構図になりました。

なるほど。そうすると、攻撃してきた子どもたちの不満はそのままさらにふくれて残ってしまったということですね。そうなると、次の時間にもひびきますよね？

太田先生　そうなんです。また、ちょっとした失敗を見つけては、攻撃するということの繰り返しになります。攻撃していた子は、要するに、ドッジボールに一生懸命で、くやしかったんですよねぇ。それははっきりしているんです。くやしかったっていう気持ちは、いいことなんですよ。それだけ一生懸命にやっていたってことですから。

「くやしい」が「死ね！」になるから、ぼくも叱らざるを得なくって、悪循環になっていました。「くやしかったなぁ」って、言葉をすりかえるっていうか、そういうときは「くやしい」って言うんだってことを、教えるっていう段階だってことですね。それなら、できると思います。

そもそも、不快感情を表現する言葉をまちがって学習してきているって思えば、教師としてやれることはあると思います。子どもたちに、ぴかぴかした笑顔を取り戻してやりたいです。あんなすさんだ気持ちを抱えているのは、ほんとにかわいそうです。

本当ですね。小学生の子どもたちを荒れた気持ちにさせるのは大人の責任です。子どものぴかぴかの笑顔を本当の意味で取り戻すためには、ネガティヴな感情、不快な感情を大事にしてもらえること、そして、悲しいときくやしいときには、大人の腕の中で泣けること、それしかないのです。

佐々木先生　私は小学校三年生を担任しています。太田先生と同じような状況もありますから、とても参考になりました。うちのクラスには、とっても激しくきれて暴れる子どもがいます。毎日、何が起こるか心配で、生きた心地がしない状態です。

お父さんが暴力をふるう人だったということで離婚していて、いまは母子家庭のお子さんです。この子は、離婚するまではすごくよい子だったそうですが、離婚して転校してきてから、すごくきれるようになったんです。

いま、話を聞いていて、どうしてこの子が離婚してから、きれるようになったのかがわかりました。家庭が安全な場所になったから、回復しようとして、ネガティヴな感情が出るようになったということなんですね。

DV（夫婦間暴力）のある家庭のお子さんたちのように、日常的に家の中に暴力がある場合、確実に感情を封印して防衛するということが起こっています。封印することができているので「よい子」でいられるのです。お母さんご自身がご自分や子どもたちの人権を守るために離婚できるということは、とても力のあるお母さんだということを意味しています。離婚できたことで、ご自身と子どもたちの安全が確保できたわけです。

大人はそこで一段落でしょうが、子どもたちはそこから回復のプロセスがはじまります。このような環境で育った子どもは、長年にわたってネガティヴな感情を封印する習慣がついていますし、身体から溢れてくる不快感情をどのように扱ったらよいかを学習していません。

こういう状態にあるお子さんは、自分を否定されるような刺激に敏感に反応して、不快感情が一気に爆発してきれるという状態像を示します。

このような状態のお子さんにどのように対応するのかについては、拙著『怒りをコントロールできない子の理解と援助―親と教師のかかわり』（金子書房）を参考にしてください。

渡辺先生　私も小学校三年生を担任しています。私のクラスにもすぐにかんしゃくを起こしてパニックになる子がいるのですが、この子は、お母さんのお話を聞いても、よい子の時期があったわけでもないようですし、学校でもある意味わがまま放題で、感情を抑えているという感じではないのです。こういう子には、どうしたらいいのでしょうか？

たとえば、幼いときから、エネルギーが溢れていて元気なやんちゃタイプのお子さんの場合、親ごさんにとっては、とっても手がかかることになるので、叱られることが多くなる傾向があります。

ところが、あまりにも叱ることが日常化してしまうと、しつけているのにちっともしつけられていないという状態に育ってしまう場合があります。

ゆうたママ　小学校では、すごいことになっているんですね。ゆうたも、私がここでこらえていかないと、しつけているつもりでも、ぜんぜんしつけられていない状態になるだろうということ、想像できます。
結局、いつも叱られていると、子どもは聞いていない状態にはいってしまうし、そのために、親の言うことをシャットアウトするように自動的に反応してしまうような感じになるんでしょうねぇ……。

ゆうたパパ　俺は、中学校のとき、そうだったなぁ。いつも教師に叱られていたから、お説教がはじまると、頭の中で別のこと考えていたり、ボーっとしたりして、何を言われたかなんて、記憶する気がなかったな……。幼い子どもでもそういうことなんでしょうね。

渡辺先生　なるほど、そういう感じですねぇ。お母さんもお父さんも一生懸命、「ちゃんとがまんしなくちゃいけないって、いつも口をすっぱくして言っているんですが」と何度もおっしゃいます。悪循環になっちゃっているってことでしょうか？
悪循環はあるのでしょうね。そのために不快な感情が湧きあがってきたときに、それを安全に抱えることができない状態に陥っているのでしょうが、学校でのわがまま放題というのは、どんな状態ですか？

渡辺先生　授業にあきてくるとすぐに席を立ちますし、プールなどで終わりの笛が鳴ってももっと入りたいと泣きます。授業中、黒板に書くことが気にいったら、ずっと書いていていたくて、それを制すると泣いて駄々をこねます。二〜三歳くらいの感じです。

先生との関係において、「わがまま」な幼い行動になってしまうということですね。お友だちとの関係ではどうですか？　お友だちに対して、いやだという自己主張などはできていますか？

渡辺先生　先日、となりの子にほっぺをつねられていて、心配したんですが、にこにこしていたので、私も「なんだ？」って拍子抜けしたんですけど……。それって、問題ですね。

そういえば、この子はいやだいやだと自己主張しまくっているという目で見ていたのですが、大人との関係と、子ども同士との関係では、違うかもしれませんね。この子、お友だちには、いやって言えていないかもしれません。あぁ、盲点でした。ついつい、「わがままな子」「自己主張の強い子」って見ていたものですから、気づきませんでした。

そういうことが意外と見落とされていることは多いと思います。子ども同士の間で、つねられてもにこにこしているような状態だとすると、そこで怒りや悲しみを溜め込んでいることが考えられます。その溜め込んだものが、別の形でかんしゃくになっているのかもしれません。

このように教室内で起こっていることについてフォローすることは、教師の仕事ですから、家庭での悪循環があるからといって、支援できないということではないのです。

渡辺先生　ほんとにそうですよね。ということは、つねられたときに、にこにこしていても、「痛かったね。とっても悲しかったね」と言ってあげることが支援になるということですね。そのように親ごさんにお伝えしたら、親ごさんにもゆとりがでるような気がします。でも、お友だちにいやなことをされたときに、泣けるようになると、他の場面でがまんできる力もついてくるのでしょうか?

そう思いますよ。全般的に幼い側面はあるのでしょうから、すぐにということではなく、だんだんと、ということではありますが。

本来泣くべきところでちゃんと泣けるようになると、本来がまんすべきところでがまんできるように育つわけです。がまんだけさせていると、がまんできるできないのぶつかりあいのストレスから泣き叫ぶという状態になりますが、この泣くは成長に役立つ泣きではなくなっちゃうわけですね。

あゆみパパ　なるほど、泣くにも成長に役立つ泣きと、役立たない泣きがあるんですね。大人の要求に応えられないストレスから泣き叫ぶ泣きは、それはいくら泣いても、ここで言うところの「ちゃんと泣ける子に育てよう」の泣くとは違うってことですね。なんとなくすっきりしました。

あゆみママ　なるほど。でも、親自身がパニックになっているときって、その区別がつかないんだよね……。

3　できないこと、失敗することへの不安の強さ

木村先生　私は小学校五年生を担任しています。これまで取り上げてきたような子どもたちは五年生にもいるので、大変参考になりました。全般的に最近、子どもたちができないこと、まちがうこと、失敗することをとても恐れているし、脆いことを強く感じています。

親ごさんも同じで、子どもたちがまちがったり、失敗したり、できないことがあることに対する不安がとても強くて、それが子どもたちをますます臆病にしているように感じることが多いです。

遠藤先生　ぼくは小学校六年生を担任しています。ぼくも同じように感じています。ある女の子は、答案用紙が真っ白だったので、どうしたのかなと思って聞いたら、まちがったらどうしようと思うと、頭が真っ白になってしまって、あっという間にテスト終了の時間がきてしまったって言うんです。

「まちがったっていいんだよ」と言うと「先生、それは頭ではわかっているけど。でも、手が動かないんだよ」って。

木村先生　うちのクラスのある男の子は、わからないかもしれないっていう場面になると、不安になって、大きな声を発したり、自分の頭を叩きはじめたりします。その様子は、目が変になっていて、いつもと違う顔つきになっているので、「大丈夫だよ」って、静かに声をかけるようにしています。

遠藤先生　そうすると、だんだんおさまってくるんですけど、きっかけは、わからない問題や、はじめての問題にぶつかったときです。

親ごさんたちにも、まちがうことは成長するために必要なプロセスだし、他人と比べてできないことがあるのは当たり前という話をするのですが、子どもがまちがったり、できないところがあったときの、親ごさんの不安はとても強くて、どう言えばわかってもらえるのかなと悩みます。

さっきの、答案用紙が真っ白だった女の子のお母さんも、子どもの成績にはとても関心が高くて、テストの復習は毎回、お母さんがつきっきりで、まちがい直しをしてくれるんです。とても熱心でありがたいのですが、子どもにとっては、それがかえってプレッシャーなんじゃないかなと心配しています。

木村先生　そうだよね。子どもがまちがえると、親ごさんがまちがったみたいな錯覚に陥っているようなところがあって、まちがって不安になっている子どもを支える立場というよりも、親自身が不安でいっぱいになって、子どもを追いつめてしまっているようなところがあるよね。

ゆうたママ　他人事ではないです。高学年になれば、勉強のことはすごく気になるでしょうねぇ……。勉強できなかったら、すごく不幸になるような気がするんですよ。
あゆみママ　ほんと、あゆみの点数はわたしの点数というような錯覚を起こす予感には、リアリティがありますね。
ゆうたパパ　俺たち父親は毎日社会で厳しい体験をしていますから、やっぱりもっと勉強しておけばよかったと思うし、子どもには、ちゃんとやれよという期待をかけるということに、なってしまうかな……。
あゆみパパ　そうだね。そんなんじゃ社会に出たら、やっていけないよっていう厳しさがあって、ある意味大人になってから苦労させたくないから、子どものうちにって思っちゃうんだよね。

まちがうことを恐れる傾向は、大学生にも見られる深刻な問題だと感じます。優秀な大学生の場合、大学にくるまで「やればできる」という経験のみをしているので、「やってもできない」経験を大学ではじめて経験すると、ショックを受けてしまうということがあります。幼いころから、「やればできる」と励まされて育ってきて努力してきたわけですから、無理もないかもしれません。社会人として職業的専門性を身につけていくときの学び方は、「まちがうことから学ぶ」という学び方になるわけですが、「予習をしてまちがわないようにする」ことに必死になってきた子どもたちは、社会人になってから、挫折しやすい脆さを抱えてしまっています。

そういう意味では、親ごさんたちも、その不安を抱えたまま親になり、子どもがまちがわないようにコントロールしようとするという悪循環になっていると言えるかもしれません。

あゆみママ　そのとおりでした。私は小さいときから、ちゃんと予習をしてまちがわないようにして、やってきました。だから、子どもがちゃんとできていなかったら、どうしようという心配が過剰になるんですね。

ゆうたママ　わたしなんかは、そういう意味では親の期待を満足させられなかった子なので、その不快感があるかな？　いい大学を望んでいた親にがっかりされて、だからそういうふうに期待されたくないはずなのに、わが子となると同じように期待してしまうんですよ。

まちがうことを恐れるのは、「まちがう」ということによって、不安や恥などの不快感情が喚起されるからです。ネガティヴな感情が社会化されていないと、そのような不快感情が喚起されることそのものを避けようとする防衛がはたらき、遠藤先生のクラスのお子さんのように、「まちがったらどうしようと思うと、頭が真っ白になってしまって、あっという間にテスト終了の時間がきてしまった」というようなことが起こるわけです。その間、解離状態にあることが考えられます。「まちがったらどうしよう」という不安が、この子にとっては大きすぎて、もちこたえられないのですね。

木村先生のクラスのお子さんも同じですね。この子の場合は、不安が一気に溢れてきてパニックになっていて、自分をだめだと責めて自傷行為になっているのですね。このようなときは、木村先生のように、身体感覚としての安全感を感じられるようなかかわりをしてあげることが大事ですね。

遠藤先生　そういうことなんですよね。よくわかりました。言葉で「まちがってもいいんだよ」といくら言っても、その子が身体で本当に安全だと感じられなければ、意味がないんですよね。それって、テスト場面以外の日常の中で、心がけていかなければだめですよね。クラス全体が、まちがうことに対して受け入れ合うような雰囲気にならないと、安全を感じられないということですよね。

そう思います。クラスに、まちがった子や、できない子、人と違う子、そういう子が大事にされる雰囲気にあると、不安や恥を感じても、周囲の安全に包まれる経験ができ、不安や恥などのネガティヴな感情を自分の中に抱えることができるようになるのですね。

できない子や、まちがった子を叱ることで、集団が正しい方向に向くようにコントロールするという学級経営の場合、優秀な子はそのときには問題なく、力を発揮し、教師の期待に応えますが、思春期青年期、あるいは社会人になってから、自分ができない立場になったときに、きわめて挫折に脆い状態に育ってしまいます。

遠藤先生　第2章の挫折に強い子、たくましい子に育てるには、どうしたらいいのか、というところに、「ネガティヴな感情も、大人の安心・安全に包み込まれることで、安全なものとして抱えることができる」という話がありましたが、学校の場合は、クラスの雰囲気が「包みこむ安全」になるということですね。教師の役割は、そこにあるということがよくわかりました。

木村先生　でも、一方で最近の論調の中には、子どもたちをそうやって安全に守りすぎているからよくないんじゃないかっていうこともありますよね。たとえば、「徒競争で順位をつけないとか、みんな同じで競争を避けているから、挫折に弱い」とか、「屈辱に慣れていないから耐性が育たないんだ」とか、テレビのコメントなどでもよく耳にするので、迷うんです。

いまの子どもたちが甘やかされていて屈辱に耐えた経験がないからきれやすいという論調は、そういう方の自分の体験から導き出された経験談です。それは多くの大人が自分を形成してくる段階で、挫折や屈辱が自分の力になったという経験をしていることから、生まれてくる一般論でもあるでしょう。

確かに以前はそうだったんだと思います。しかし、だから厳しくすればいいというのはあまりに短絡的です。学校で集団生活をしていれば、不快に思うことは山ほど経験します。「屈辱」と感じるような出来事を体験していない子どもは、いないでしょう。それはいまも昔も変わらないと思います。どこが違うかというと、「屈辱」を感じたときのその不快感の処理の仕方が異なっているのです。

第1章、第2章でお話してきたように、不快な感情に支配されたときにその不快感を封印してないことにしてしまう、つまり解離様式よる適応という防衛スタイルをとるように育ってきていると、「屈辱」の体験をしていても、それは体験していないことになってしまうので、自分の生きる力として統合していくことができないばかりか、のちにその不快感の塊は、突然きれて暴走するエネルギーになるわけです。

そして、なぜ、子どもたちが感情を封印して解離様式による適応を身につけてしまうかといえば、幼いときから「屈辱に耐える力のある子」「挫折をもろともしない子」といった親の理想を実現するように求められてくることによって、それが過重なために起こっていることなのです。

つまり、大人がこうあるべきだと子どもに求めれば求めるほど、悪循環にはまっていくことになります。

この本のタイトルは、「ちゃんと泣ける子に育てよう」です。

「泣く」ことができるということは、子どもの泣きに耐えられる大人がいてはじめて成立するものなのです。子どもが本当の意味で、屈辱に耐える力を身につけるためには、屈辱を感じたときに思いっきり泣くということを支えるということが大人の役割です。子どもがつらくて泣くことに大人が向きあってもちこたえるということです。

わが子が、運動会で恥をかき不快な思いをしたときに、涙ぐむわが子をしっかりと抱きしめてやることができれば、それでいいのです。そして泣かせてやればいいのです。「お母さんもお父さんも恥をかいたじゃないの！」とわが子を叱ったり、「うちの子があんなつらい目にあったのは、先生の配慮がたりないからです！」と苦情を言ったりするとき、そこで大事にされているのは、子どもの感情ではなく親の感情です。

第1章で、親になるということは、自分の感情よりも子どもの感情を大事にする覚悟をすること、ということをお話しました。子どもが挫折や屈辱に耐えられるように育つためには、そのくやしさや悲しさを十分に受け止めてもらえるということが必要なのであって、挫折したり屈辱を味わったりする体験そのものをなくしてつらい体験をしないことが必要なのではありません。またたくさんの屈辱にさらせばいいというものでもありません。問われているのは、子どもに対して大人が大人でいられるかどうかであるとも言えるのです。

ゆうたパパ　それが、親になる「覚悟」ということなんですね。

4　いじめまわしの人間関係

遠藤先生　大人が大人として、子どもたちの感情をしっかり包み込むことが、子どもを育てる役割だということ、よくわかります。ネガティヴな感情を包み込める安全な雰囲気のクラスをつくりたいと思ってはいるのですが、いじめの問題は非常にむずかしくて、いつもハラハラしています。

木村先生　高学年の特に女子のいじめの問題は、ほんとにむずかしいですねぇ。今日いじめられていた子が、次の日はいじめている側に回っていたりして、日替わりで関係が変わっているので、どういうふうに改善していけるのか、暗澹たる気持ちになることがあります。

遠藤先生　うちのクラスで二人の女の子が同じ男の子を好きになったようなんです。仮にAさんとBさんとします。AさんもBさんもCくんのことが好きになって、CくんはBさんのことが好きだったんですね。まあ、ラブレターを書いたようなこともあったようです。そこまではほほえましいんですが、Aさんがまわりの子どもたちにBさんの悪口を言って、いじめをはじめたんです。「Bさんがあなたのことかわいくないって言ってたよ」と言いふらして、Bさんのノートに「死ね」と書いたり、悪口のメモをまわしたり……。

Bさんが、学校に行きたくないと言いはじめて、それでわかったんですが。結局、クラスで話し合って、一応の解決はしたんですけど、今度は、Bさんと仲のよいDさんが他の子たちといっしょになって、Aさんをいじめはじめたみたいなんです。クラスで話し合いをしたので、Aさんがしたことは悪いっていう雰囲気ができたとたん、今度はAさんがいじめられる立場になって。

そんなこんなしているうちに、Eさんが登校をしぶりはじめたんです。Eさんのお母さんの話では、毎日誰かをいじめていないと仲間にいれてもらえないことがつらいと泣いているらしいんです。Eさんが泣く気持ちは当然で、Eさんは自分がされたくないことを他人にするのはいやだと言っているそうで、それはほんとに当然のことなんです。女子の人間関係はむずかしくて、学級経営に行き詰まりを感じています。


遠藤先生のクラスのケースだと、もともとはAさんの嫉妬心というかやきもちが、Bさんを攻撃するという感情に発展していたと考えられるわけですね？　そのあと、通常の学級指導をして、Aさんの行為が悪いことだということを明確にしたら、今度はAさんがいじめられる側になってしまったということなんですね。

Aさんをいじめている中心にあるDさんは、どんなところに苦しみを抱えているお子さんですか？

遠藤先生　Dさんは、いつもにこにこしていて明るい子なので、特に苦しみを抱えているというふうに考えたことはありませんでした。でも、みんなを扇動してAさんをいじめているわけなので、攻撃的な気持ちが溜まっている子なんですよね。こういういじめをする子というのも、そのことがSOSのサインなんですよね。そう考えてみると、Dさんがどんなところに苦しみを抱えているのか、探ってみます。

Aさんは、自分の身体の中に湧きあがってくる嫉妬の気持ちを安全に抱えているということができない状態にあるんですね。それでそれがBさんへのいじわるや攻撃という形で暴発しちゃうんですよね。Dさんも、なんらかの理由で、他者を攻撃することでしか、自分の怒りや悲しみを表現できない状態に陥っていると考えられます。Eさんは、自分がされていやなことはできないと感じられるお子さんですから、きちんと自分の感情を大事にして育てられてきたお子さんなのでしょうね。

こういうケースでは、自分が生き延びるために他者を攻撃してもなんとも感じないというお子さんのほうが適応的で、思いやりが育っているお子さんのほうが不適応に陥るという大変皮肉な悲しい状況になっているということですね。

あゆみママ　え！　それ、何ですか？　そんなひどいことがあるんですか？　ちゃんと思いやりの育っている子どものほうが、学校に行けなくなるなんて……。

ゆうたママ　うーん。それが現実ってことですか？　やりきれないですね。

ほんとにやりきれないのです。だから、私はこの本を書いています。他者を攻撃して生き延びるような子どもたちを主流にしないために。

いじめるという行為が悪いことだということを教育することは大事なことですが、ネガティヴな感情が社会化されていない子どもたちが多くいる学級の中では、頭で「いじめはいけないことだ」と理解できても、いじめがなくなるということと直接的にむすびつかないということが起こります。

「いじめる」という行為は、怒りや悲しみや不満や嫉妬や憎しみなどのネガティヴな感情の表現形として、生じてくるものなので、一人ひとりの子どもの怒りや悲しみに注目し、承認し、ネガティヴな感情が社会化されていくような支援をていねいに行っていかないと、教師の指導もいじめの悪循環の中に取り込まれてしまうということが起こります。

親の立場も、わが子が「いじめられている」ということに関しては敏感であるにもかかわらず、「いじめをしている」ということに関しては、ちょっとした「いたずらの気持ち」と、軽い意味づけをする傾向があります。

そして、そのいじめいじめられがまわっているとすると、子どもによくあるけんかという程度であまり重視しないことになります。確かに、昔から言われているように、子どものけんかに親が顔を出さないというのは、大事な姿勢です。

しかし、もしもわが子のまわりでそのようないじめまわしが起こっているとしたら、親としては、わが子がどんなところに怒りや悲しみを抱えているのか、その感情を親の前で表現できているか、その感情を親として受け止めているのか、ということをふりかえる必要があるのです。

つまり、よその子をコントロールしようとするのではなく、親が自分自身をふりかえるということが、必要なのです。わが子がいじめをしている、あるいは自分がされると困るからいじめに加担する、ということになっているときには、親としてわが子の怒りや悲しみや苦しみをしっかり受け止めきれていない、というサインだと見てほしいと思います。

親にしっかりと受け止められた子どもは、学校で教師の指導をきちんと受けいれることができますが、どこにも受け止められていない子どもは、怒りの気持ちを潜伏させてしまい、次のいじめへと発展させてしまいます。

ゆうたパパ　子どもたちのいじめの問題のうらには、親がちゃんと子どものネガティヴな感情を受け止めていないという問題が隠れているのですね。わが子がいじめをしているとわかったら、わが子の怒りや悲しみを親が受け止めているのかどうかをふりかえろうというのは、目からうろこが落ちた思いですが、よく覚えておきたいと思います。

遠藤先生　確かに、いじめの問題は学校で解決しなければいけない問題なのですが、それぞれの親ごさんが、しっかりとお子さんを受け止めてくださるという形で連携できないと、ほんとに学級は危機に陥ります。Eさんのようにちゃんと感じることができる子が学校に来られなくなってしまうということには、本当に責任を感じます。

一般に、いじめた側の保護者に、そのことを伝えると、叱責で終わることが多くて、保護者に伝えたことが本当によかったのかと迷うことがあります。Aさんの場合も、「主人がきつく叱りましたので、もうけっこうです」という感じでした。Aさんは翌日、顔にあざがありましたから、殴られたようなのです。

「そうじゃなくて……」と話したかったのですが、親ごさんのほうがもう話したくないという感じになってしまって、うまくいきませんでした。

遠藤先生のお話では、Aさんのご両親がきつく叱ったということですから、ここでもまた、Aさんは自分の感情に触れてもらうという経験はできなかった可能性が高いですよね。自分のネガティヴな感情に触れてもらえないできているので、そのために攻撃性が暴発してしまう状態になっているにもかかわらず、結局また、叱られてしまうことで、ネガティブな感情が社会化されるチャンスが失われてしまうという悪循環の中にあるのですね。

遠藤先生　まさにそうだと思います。殴らずに、ちゃんと話を聴いてくれればいいと思うんですが、親ごさんにどうわかってもらったらよいのでしょうか？
そこがいつも行き詰まるところなんです。

あゆみパパ　うーん。ぼくもそうなりそうです。やっぱり、わが子がそんなことをしたということを受け入れきれないから、力で抑えこんで、なかったことにしたいと思ってしまうんだろうなぁ。担任の先生の話など、聞けないような気がします。

親ごさんは親ごさんで、いっぱいいっぱいなのでしょうね。Aさんのご両親にしてみれば、自分の子どもがそのような行為をしたということは、ご自分たちの恥とお感じになるのだと思います。自分の恥なので、そのことについて話すことは耐え難い屈辱と感じてしまうのでしょう。なので、自分に恥をかかせた子どもを叱る、感情的になれば殴るということもあるのでしょう。学校に対しては、十分に叱ったので、もうこれで終わりにしてください、これ以上私たちの恥に触れないでくださいといった感じになってしまうのでしょうね。

この場合、お子さんの感情と親ごさん自身の感情の区別がついていないわけです。お子さんの話を聴いてあげるという対応ができるためには、親自身の感情と子どもの感情がきちんと別のものになっていることが必要なのです。

遠藤先生　親ごさんが、ご自分の恥と感じておられると考えると、納得のいくことがたくさんあります。ぼくたち教師が、子どもの問題について話せば話すほど、親ごさんは恥をさらされている感じになってしまうわけですね。

ですから、どうしたらいいかということで言えば、子どもが問題を起こしたということを聞いて、親ごさんがどんなふうにつらいと思っていて、どんなふうに悲しいと思っていて、どんなふうにお子さんに怒りを感じるのか、ということを聴いてあげられる関係になれれば、親ごさんがちょっと救われた気持ちになれるんですね。

遠藤先生　なるほど。ぼくたちは、どうしても子どもをなんとかするために親ごさんにもがんばってほしいと要求してしまうんだけど、親だからこそ傷ついているんですよね。そのためにとっても防衛的になっちゃうんですね。自分を親の立場において考えるとよくわかります。どうも教師をしていると、親の立場のほうを忘れがちになってしまいます。

Aさんの問題行動をお話したときに、親としてこうしてほしいと要求するんじゃなくて、「お母さんもショックでしたよね」「お子さんに裏切られたような気持ちになってつらいことと思います」っていうような感じで、お母さんの気持ちを聴いてあげるといいんだね。

あゆみパパ　確かにそういう感じだと、先生に相談したいと思うかもしれません。俺はともかく、妻に「相談してこい」って言うかな？　自分はやっぱり逃げたいかもしれません。

あゆみママ　そういうふうに先生が話を聴いてくれたら、私だけでも相談できれば、安心できそうな気がします。私が安心すれば、主人は一歩ひいて待っていてくれることはできるように思いますから。

子どもの問題行動によって傷ついている気持ちを十分に聴いてもらえると、親ごさんたちは、自分の感情と子どもの感情を区別することができるようになりますから、自分の傷つきはさておいて、子どもを受け止めるということができるようになります。

親も「よい親」であることを求められると、「うまくできない私」「子育てに不安を感じている私」の部分を否定されてしまうことになり、子育てにまつわるネガティヴな感情は承認されず、親自身もそれを否認してしまうことになりやすいのです。

そして「よい親」であるためには子どもが「よい子」を実現してくれることが必要になるという悪循環をまねきます。親がありのまま、子育てに不安を抱えていること、子どもにいらだつことを自分自身に認めてあげることができると、自ずと、子どもの不安やいたらないところを認めてあげることができるようになるものなのですね。

そういう意味で、教師とのかかわりにおいても、「よい親」を求められて逆に苦しくなってしまうような関係にならないことは、とても大事ですね。

第4章　いまから親にできること

子育てはいつも予測できないことに彩られています。一生懸命に子どもを大切に育ててきたつもりであっても、思いもよらぬ出来事にぶつかり、大きな苦しみを抱えるということも起こってきます。

でも、その苦しみを乗り越えた親ごさんたちから、私は生きる力というものを教えてもらってきました。子どもを愛する思いが、子どもも私たち大人をも救ってくれるものだということを、いつも教えられます。

ここではつらい状況を乗り越えたママとの対話という形を通して、私が親ごさんたちから学んだことを、いまから親にできることとしてお伝えしたいと思います。

1　たろうくんの場合

——まさかうちの子が金魚を殺したりするはずないんです——

たろうママ　二年前のことです。たろうが小５のときでした。学校の先生から呼び出されて、うちの子がクラスで飼っていた金魚を全部殺してしまったということを聞かされました。最初は、ずいぶんひどい言いがかりをつけるものだと、腹が立って怒りました。だって、たろうには小さいときから命の大切さは耳にたこができるくらいきちんと教えてきましたし、どちらかというと気の弱いタイプでしたから、金魚を殺すなんてことをするはずがないと思っていました。
どこかのきちんとしつけられていないおうちのお子さんがやったことを、うちの子のせいにされているんだと何度も思いました。私がうちの子がやるはずないとあんまり言うものだから、先生はたろうを連れてきたんです。そしたら、たろうは自分がやったと言うんですよ。もう私は、死んでしまいたいと思いました。

まさに晴天の霹靂だったのですね。わが子がそんなことをしたという事実を受け入れるということは、親ごさんにとってはほんとに生きる意味を失うほどの衝撃ですね。
それまでのたろうくんはどんなお子さんだったのですか？

たろうママ　五年生になるまでは、学校で特に今回のような問題を指摘されたことはありませんでした。おっとりしているとか、動作がゆっくりとかは面談のときに言われましたが、それは私たちも認識していることでした。

私も主人もたろうが、おっとりしてものをはっきり言えない性格で、男らしくないぐずぐずしたところがいやで、早く何とかしないといけないと心配はしていました。ですから、その点について口うるさく叱ることが多かったと思います。

なるほど。ご家庭では叱られることが多いお子さんだったのですね。

たろうママ　はい。いま思うとほんとにかわいそうなことをしました。早く性格を直してやらないと「大変だ」って思って……。

何が「大変だ」って思っていたのでしょうか？

たろうママ　「大変だ」って思っているときというのは、冷静に考えてみると何が大変なのかよくわかっていないんですよね。要するに私の中に、巨大な不安が押し寄せてきて、それで「大変」なのですが、それは私の不安であって、たろうには関係がないのだけど、そのときは「たろうが大変」って思っちゃうんですよ。

親心とはそういうものですよね。お母さんの中に押し寄せてくる不安というのが、大きすぎて、自分の不安を納めるためには「たろうくんがもっと男らしくなればいい」っていう感じになってしまうのですよね。

どうして「男らしい」という性格とか、価値観が重要だったのでしょうか？

たろうママ　それがわかったのは、私がカウンセリングを受けるようになってからのことでした。私自身が、中学校のときいじめに遭っていて、いまでも思い出すのはつらいんですけど、ほんとに死にたいと思ったこともあったんです。だから、その不安がフラッシュバックしていたんだということが、あとになってみれば、わかります。そのために私の心の中が巨大な不安でいっぱいになってしまうから「たろうの性格を早く直さなくては」と、強迫的になっていました。そのために、毎日口うるさく叱ってしまっていたんです。

たろうくんを大事に思う思いの強さから、そうなってしまうんですよね。

たろうくんは、どんなふうにしてよくなっていったのですか？

たろうママ　いま中1になりました。「よくなったか?」と言われると、なんとも言いようがないのですが、金魚を殺すようなことはもうありません。どちらかと言うと、「困った子になった」と言ったほうがいいですね(笑)。事件を起こすまでは、家ではほんとに優しい子でおとなしくて、私の言うことにも従順だったので、家では扱いやすかったのです。それなのに「男らしくない」ということで、叱っていたわけなんですけど……。

いまではもう、反抗期の年齢にもはいりはじめていることもあって、不機嫌なことは多いですし、親の思い通りにいくことはなく、自己主張してきますから、困ったもんだと思うことはたくさんあります。大きな違いは、家で喜怒哀楽がはっきりして、ありのままで暮らしているっていう感じになったことですね。ですから、いまはもう、あんな事件にはならないという、その自信はもてるようになりました。

考えてみれば、以前は、喜怒哀楽のうち、喜楽しか家では出していませんでした。だから、怒哀の部分が攻撃性になって、金魚を殺すなんてことになったのだと思います。

たろうくんが小学五年生のとき、クラスの中でたろうくんはどんな毎日を送っていたのでしょうか？

たろうママ　五年生のときは、担任の先生と相性が悪かったように思います。四年生までの先生にはかわいがってもらっていたので、そういう意味では親に叱られても、担任の先生に受け止められていたことで、なんとかもっていたということかもしれません。

いまになってみれば、五年のときに金魚事件が起こってよかったと思っていますが、きっかけとしては、担任にも叱られるようになって、どこにも受け止めがなくなってしまったということだったんだと思います。思えば、日々叱られているから、自信がもてなくなっていて、それなのに、学校では困った顔をできないので、先生が注意してもへらへらしていて、手ごたえのない子だったので、先生としてもいらいらしたのだと思います。

当時のノートには、ナイフで刺したり殺したりする絵ばかり、いたずら書きしてありました。学校ですごく不安だったり、いらいらしたりしていたのでしょう。でも、その当時はそのことが、まったく表情に出ないので、これほどまでに苦しんでいたということに気づいてやることができませんでした。

お母さんも、いまではそこまで冷静にふりかえることができるようになったのですね。お母さんが一番つらかったのは、どの時期ですか？

たろうママ　もちろん、最初の衝撃はとても大きかったです。でも、そのあと、たろうといっしょにカウンセリングを受けて、たろうが自分の苦しさを表現しはじめてから、そこに向き合っていくのはほんとに苦しかったですね。たろうは夜になると、いままで叱られてきたことの恐怖がフラッシュバックしてパニックになって、自分の頭を叩いて、泣き叫ぶという時期がありました。私は、大事なわが子がこんなにもつらい気持ちを溜め込んで生きていたのかと思うと、ほんとに親として自分がなさけなくなり、くじけそうになりました。

でも、私しかこの子を救える人間はいないと思って、必死に「泣いているときに抱きしめる」ということを心がけました。最初は近寄れないような状態でしたが、だんだんに、たろうは私の腕の中で泣けるようになりました。そのときはじめて、私は親としてこの子を救えるのかもしれないと感じることができ、ほんの少し、親としての自信を取り戻しました。

考えてみると、子どもが困ったときに、わんわんと泣き、そしてそれを抱きしめる、というすごく当たり前でシンプルなことを、していればよかっただけなのです。それなのに、私は自分自身の不安から、素直に子どもを抱くことができなかったのです。たろうの金魚事件を通して、私は自分の不安をも自分で抱きしめることができるようになったのだと思います。

お母さん自身が子どもの生き延びようとする戦いを正面から受け止めて、お母さんもまた生き延びることができたということなのですよね。

たろうママ　ほんとにようやく生き延びることができたのだという感じです。子どもは、嵐がすぎると、ごく当たり前に不機嫌なときには不機嫌だし、機嫌がいいときはケロっと明るくしているし、ときには、私も相変わらず、言いすぎたりカッとなったりするのはあるのですが、たろうもいまでは、負けずに言い返してきます。ごくふつうの親子げんかになっていると思います。

「泣いているときに抱きしめる」ということがどんなに大事かということを、いま感じています。子どもが大きくなってくると実際に抱くことはできないわけですが、「ああ、苦しんでいるんだな」と気持ちを受け止めることができると、自ずと空気があたたかくなり、「子どもを抱きしめる空気」になるんだと最近では感じています。

以前のように、子どもに不満を感じていると、子どもを包む空気がいつもとげとげしくなっていて、子どもが不快な感情に支配されたときに、安全で包むということがまったくなかったのだと思います。

お父さんは、いまどのようにふりかえっておられますか？

たろうママ　主人ともずいぶん話し合いました。話し合ったと言うより、ぶつかったと言ったほうがいいかもしれません。私が自分の過去のつらい思いをたろうに重ねてたろうを叱ってしまっていたことに気づいてから、私は優しくしようと努力しているのに、主人はたろうを毛嫌いするように、どうでもいいことで叱るんですよ。私も叱っていたときには、いっしょに叱ってくれることは、両親の態度が一致していていいことだと思ってあまり気にならなかったのですが、主人の叱り方もまた、ひどかったんです。それで、主人に叱るのをやめようって、ずいぶん言いました。最初は、主人はまったく聞き入れてくれませんでした。「ああいう性格は、がつんとやらないと直らないんだ」という考えを変えてくれないんです。

そうでしたか。

お父さんはプライドもあるので、妻から指摘されるとかえって意固地になってしまうときというのもありますよね。

たろうママ　はい。そうだったと思います。私も夫を否定するような言い方をしていたのかもしれません。それで、こんなことを続けていたら、将来たろうが少年犯罪で新聞に載るか、私たちが金属バットで殺されるかになると思いましたから、離婚しようと思いました。

私がそこまで覚悟を決めて、実家に帰ろうとしたとき、夫と真正面に向き合って話し合いをすることができたんです。夫がたろうを本当はすごく愛しているんだということがわかりました。私と同じで、たろうのことがかわいくてたまらないから、逆のことになってしまっていたんです。

ご主人とわかり合うことができたんですね。

たろうママ　はい。主人がどんなふうに育ってきたのか、その中でどんなふうにつらい思いをしてきたのかという話をはじめて聞きました。主人も、父親がすごく厳しい人だったそうです。それで小さいときから、兄と比べられて、お前の性格は「男らしくない」って言われ続けてきたそうで、いまでも主人は自分の性格が好きではないと言います。たろうは主人によく似ているのです。だから、主人はたろうを見ていると、自分の悪いところを見せ付けられているような気分になって、憎々しく感じてしまうんだそうです。

私は主人が心をひらいてそんな話をしてくれたことで、この人とこの先も生きていこうと思いました。私も、自分の過去の傷をいまだ抱えていたわけですが、主人も同じなんだなって、愛しい気分になりました。そう思ったら、いままで、私たちは、表面的にはごくふつうの夫婦でしたが、どこか葛藤を避けていたところがあって、たろうのことは叱るのに、私たちは自分たちのことには向き合わずにきたのがはっきりわかったんです。

すてきなご夫婦ですね。妻が夫の弱さを受け入れられたことで、妻も夫に受け入れられたわけですね。

たろうママ　はい。そうです。だから、いまとなっては、たろうに感謝しているというか、たろうの金魚事件のおかげで、一時はほんとに死にたいと思ったけれど、長年のよどみが流れていきました。

主人は、たまには、カッとしてしまうことはありますが、私が間にはいると、主人は気づいて気分転換に外に出るようになったりして、たろうを叱ることは解決ではないということを共有することができるようになりました。

2　さえこさんの場合

―天使のようなわが子がいじめのボスであるはずないんです―

さえこママ

さえこは今年、高校にはいりました。ようやく落ち着いたと思えるこのごろです。思えば、最初にさえこがサインを出していたのは、小六のときだと思います。そのときは、サインとして気づいてやることができませんでした。

ある日の保護者会のときに、うちのクラスにいじめがあるということが追求されました。そこでは名前は出されなかったのですが、多くの女の子の親ごさんが、泣きながらどんなふうにいじめられているかをお話になりました。どうやら、ボスの子がいて、その子が他の子に指示していじめまわしをしているという状況のようでした。私は、そのボスの子の親は「よく平気でいられるものだわ」と思って他人事に感じていました。むしろ、「さえこはやられていないのかしら？　あの子はしっかりしているから大丈夫だわ」「いじめにあう子にも問題があるんじゃないかしら」とさえ思っていたのです。

ところが、保護者会が終わってから、担任に呼び止められました。そのボスと思われる子は、さえこだというのです。私はがけから突き落とされたような気分になり、めまいがして言葉が出ませんでした。

担任には、「さえこちゃんには何かストレスがあるのではないか」と言われましたが、ふだんは明るくて、元気で何一つ不満のない生活を送らせていたので、ストレスなんかあるはずないとしか、思えませんでした。

そのころのさえこさんはどんな様子だったのですか?

さえこママ　年の離れた兄が二人おりまして、末娘ですから、かわいいかわいいで育てられてきました。何でも要領よくできる子で、性格も明るくて、家族の中のムードメーカーで、何の心配もしていませんでした。兄たちはそれなりに手がかかって大きくなっておりましたが、さえこは女の子ということもあって、上二人に比べると、子育てに困るということはなかったのです。主人も、さえこには甘くて、たいへんかわいがっており、「さえこは天使のようだ」と、いつも言っておりました。ですから「いじめのボス」になっているなんてことは、まったく受け入れられないことでした。それでそのときには、私たち両親はそのことを忘れようとしました。家でのさえこの笑顔を見ていると、「きっとそんなことはたいしたことではない」と思い込むことができたのです。あとで考えるとあのときが、まず最初のサインだったのですが、そのサインをきちんと受け止めることができませんでした。さえこは、悲しみや怒りや不満やいらだちのすべてをないことにして笑顔をつくっていたのに、そのことにまったく気づいてやることができませんでした。

その当時、サインとして受け止められなかったことをいま、後悔されているのですね。

さえこママ　はい。よく考えてみると、当時、さえこは中学受験のための進学塾に通っており、夕食は塾でお弁当を食べ、帰ってくるのは夜の一〇時すぎという生活でした。塾のない日も、ピアノとスイミングに通っており、自由な時間はありませんでした。それでも、朝もきちんと起きて学校に行きますし、文句など言いませんでしたから、そのくらいこなせて当たり前に思っていました。そして、親の期待に応えてくれるさえこを自慢に思っていましたし、ほめていました。親の期待に応えてくれていましたから、ご褒美としてほしいものを買ってやることにも、親として躊躇を感じることもなく、さえこが雑誌のモデルの着ている洋服がほしいと言えば、それを買ってやっていました。

ですから、ストレスや不満があるとは考えられなかったのです。でもほめられることで、さえこはますます追いつめられていったということを、あとで知りました。

いじめをしているということについては、そのまま通りすぎてしまったのですね。そして、その後、思春期にはいったさえこさんの危機がやってくるわけですね。

さえこママ　はい。中学は希望どおりの進学校に合格しました。中二になるまでは特に何もありませんでした。というか、気づいていませんでした。進学校ですから、まわりは優秀で、さえこの成績は真ん中より少し下くらいでした。私たち両親は、進学校にはいったのだから、成績はそれでもいいと思っていました。

でもさえこにしてみれば、自分がこんなにできないということは実はショックだったのですね。親は客観的に相対的に見ることができるので、この学校でこの成績ならまあいいと思っていましたが、さえこは激しく劣等感を感じていたのだと思います。小学校時代は、学校の中では努力しなくてもなんでもできていたわけですから、子どものさえこにとっては世界ががらっと変わってしまうような体験だったのだと思います。

しかし、そのことに私たちは気づいていませんでした。さえこは相変わらず、家では「明るくてかわいい天使」でいてくれたからです。

なるほど。つらいことがあっても、表情に出さないで親の期待に応える習慣のついているお子さんは、学校での出来事で心理的に追いつめられていても、そのつらさを表情に出すことがないので、親のほうでも気づけないでしまうということになるのですよね。

さえこママ　そういうことだったんだと思います。中二の夏休みから、一気に変わっていってしまいました。ある高校生の男の子と知り合いになり、それからその子との関係にのめりこんでしまいました。私たちが男の子との交際をとがめると、顔つきが変わって鬼のような顔になり、「うるせー、てめーら、それでも親か！」と暴言を吐くのです。そして部屋にこもり、手首をカッターできるのです。リストカットをすると、落ち着き、もとのかわいい顔に戻って、「お母さんごめんなさい」となるのです。

私たちはもう、どうしていいのかわからず、混乱しました。主人はかわいい娘が豹変したことを受け入れられず、娘とかかわらないようになっていきました。私は、ただただ泣き暮らしていました。私の泣く姿を見ると、さえこは「ごめんなさい、ごめんなさい」とあやまり続けることもあれば、「お前は親じゃない！」

と私をののしり続けることもありました。

その相手の男の子はどんなお子さんだったのですか？

さえこママ　見たところふつうのお子さんです。非行少年ではありません。うちと同じですね。一生懸命によい子に育てられてきたお子さんです。ですから、見た目は、ボーイフレンドとしてほほえましい感じにも見えるのです。しかし、性交渉までいってしまっているのです。さえこの部屋で避妊具を見つけたときには、気を失いそうになりました。

さえこは、私たちがとがめればとがめるほど、男の子との関係にのめりこんでいき、帰りも遅くなりました。暴言を吐き、怖い顔になるさえこの姿を見るのはつらいので、放任するようになりかけました。

大事に、大事に育ててきたお嬢さんが、そのような状態になってしまって、親として必死にできることをしても、それがまったく無力だと知らされるとき、逃げたくなってしまう気持ちに陥ってしまうのですよね。

さえこママ　はい。このまま逃げることができたらどんなに楽かと思いました。でも、わが子ですから、逃げるわけにはいきません。カウンセラーのところに相談に行きました。ここで親が逃げてしまうと、援助交際とかプチ家出とかになってしまうと言われました。なんとかここで親としてふみとどまらなければ、子どもを守れないと思いました。幸い、逃げ腰だった主人も、いっしょにカウンセリングに行ってくれて、覚悟を決めて、さえこと向き合っていこうと話し合うことができました。

ご両親が心がけたことはどんなことだったのでしょうか？

さえこママ　覚悟を決めてからは、私はさえこの前では泣かないようにしました。私が泣くのは、自分がかわいそうだからであって、自分がさえこから気遣われたいからでした。私が大人にならなくてはいけないと思いました。一番に傷ついているのはさえこなんだ、気遣ってほしいのはさえこなんだ、と自分に言い聞かせました。思えば、ずっと、さえこが私たち夫婦のアイドルとして、私たちを気遣ってきたわけです。さえこは私たち夫婦のペットとして、私たちを癒し続けてきていたのです。さえこが、自分が苦しいとか悲しいと言って泣くということはなかったのです。だから、さえこが泣けるようになるために、私は泣かない、と心に決めました。

そんなふうにお子さんのために覚悟を決められる力は、どこから出てきたのでしょうか？

さえこママ　子どもを愛しているからです。この覚悟を決められたとき、私ははじめて親になったのかもしれません。親として、大人として、子どもを愛せる自分の力を同時に感じていたと思います。

その力がさえこさんを救っていったのですね。

さえこママ　長い道のりでした。妊娠がわかってもさえこは生みたいと言いだして、まったく現実感がありませんでした。中絶させることは、ほんとにつらいことでした。幸い、主人も覚悟が決まり、私を支えてくれましたので、私は主人の前ではたくさん泣きました。

カウンセリングを受ける中で役立ったことはどんなことでしたか？

さえこママ　カウンセラーから、教えてもらったことで、役立ったことは、次のようなことでした。

「さえこが鬼のような顔になる自分を親に見せられるということは、さえこが治ろうとしているから」であって、「そのことを親が受け入れることができることによって、鬼のようなさえこと天使のようなさえことが統合されていくことができるということ」です。

それまでは、鬼のようなさえこには出会いたくないと思っていました。でもそれでは、私たち親がさえこの怒りや悲しみの部分を否定しているということになります。さえこの怒りや悲しみを受け入れるということは、鬼のようなさえこを抱きしめることができるかということです。

これは、むずかしいことでしたが、これができなければ、近い将来、精神病院に入れるしかないと感じていましたので、親にできることとして、抱きしめたいと思いました。

どんなふうにして抱きしめることができましたか？

さえこママ　さえこの暴言に動じないということです。そしてさえこの身体から溢れてくる悲しみを感じようとしました。どうしても、暴言の言葉の内容に振り回されてしまいがちでしたが、たとえば、「おまえなんか親の資格がない」とか「おまえたちが私をだめにしたとか」という暴言の言葉の内容に振り回されると、言い返したくもなるし、泣きたくもなるのですが、カウンセラーから、それは「受け止めては捨てる」という感覚でいいと言われたので、「受け止めては悩む」のをやめました。

言葉の内容には意味はない、とカウンセラーに教えてもらったので、そう思うことにしました。それよりも、むしろ、その言葉を吐かずにはいられないさえこの悲しみを身体で感じようとしました。

頭でわかっても、それはなかなかむずかしいことでした。でもさえこの寝顔を見ていると、自然に優しい気持ちになれるので、さえこが寝てから頭をなでてやることを毎日繰り返しました。ときにはさえこは気づいているようなときもありましたが、さえこも寝ているふりをしているので、本当は、さえこは甘えたかったのだと思います。

そんなことを繰り返しながら、ある日、夜の外出をとがめた私に対して暴言を吐いてくるさえこと向き合いながら、だんだんと、さえこがどんなに長い間、自分の感情を出せずによい子にしてきたのか、どんなに不安で心細くしていたのかがじわじわと伝わってきたのです。

そして、涙が出ました。この涙は、以前私が泣いていたときの涙ではないのです。するとさえこの顔つきも変わってきて、涙が溢れてきます。そして、抱き合って泣くことができたのです。さえこを抱くことができたのは、ひさびさのことでした。さえこが苦しんでいる状態で、私の胸にとびこんできたのは、はじめてのことだったかもしれません。私たちは、ふたりでおいおいと泣くことができました。ここまでくるために、中絶なども含めて、大きな犠牲が必要でした。それから、さえこは、だんだんと落ち着いていきました。

抱き合えたときの涙は、さえこさんの痛み苦しみを受け止めた、さえこさんのための涙だったのですね。

さえこママ　はい。はじめて体験する涙でした。それは私に親としての自信を与えてくれる涙でもありました。私がさえこと向き合えるようになれたのは、主人が支えてくれたからです。さえこの暴言に動じずにじっとあたたかい空気で包んでくれた主人がいたから、さえこも、影で支えてくれる父親の力を感じることができたのだと思います。

ネガティブな感情が社会化されることなく、感情を封印することにより適応して、「よい子」の姿を見せてきた子どもは、思春期に危機に陥ります。そのときにこのような性的関係にはまっていくというのは、身体の安心感や安全感というものを性的関係によって経験してしまうからだろうと思います。小・中学生の女子の幼い性においては、身体の心地よさというきわめて幼児的なスキンシップを求めて、そこから抜けられなくなると考えられます。

ですから、親との関係性の中で自分のネガティヴな感情がまるごと受け止められ、身体が安心する経験を取り戻すことができれば、早すぎる性的関係から遠ざかることができるのです。

さえこママ　だから、小六のいじめ問題のときに、サインと気づいてやればよかったとそれは、いまでも悔やんでいるのです。いじめのボスになっているということは、怒りや悲しみを閉じ込めてきているということ、そのために不快な感情をコントロールできなくなっているというサインだったんですよね。

いまだから、そう思えるのですが、その当時はまったくそんなふうに思えなかったんです。自分の子がいじめをしているとしたら、その子はどこに悲しみを感じているんだろうって、考えてあげてほしいなと私の経験から思います。

だんだんと落ち着いてきたということですが、天使のさえこさんに戻ったのですか?

さえこママ　いいえ! 天使のさえこはもういませんよ。それでいいんです。まあなんと言いますか、言いたい放題、気ままに不機嫌、それでいて「ねぇねぇ、ママ聞いてよ」と甘えてくるという、どこにでもいる反抗期の高校生ですよ。兄たちも思春期はこんなものでした。これでいいんですよね。子どもは親の思いどおりにはなりません。感情が表情に出ているので、学校でつらいことがあったら、顔を見ればわかるようになりましたから、親としての自信を取り戻すことができました。

3　よしおくんの場合

―うちの子は身体の病気です。「精神的なもの」であるはずがないんです―

よしおママ

よしおが中二のときのことです。頭が痛いと言うのです。最初は風邪かなと思って休ませましたが、次の日も次の日も学校に行く時間になると頭が痛いと訴えて、のたうちまわるようになりましたので、救急車で病院に連れて行きました。いろいろ検査をしてもらったのですが、大丈夫ということでした。それでも、毎日頭痛を訴えて、学校に行けません。

私も主人もよしおが脳腫瘍になってしまったのではないかと心配で、大きな病院の検査を予約してまわりました。いま思うと、不思議なのですが、その当時は「異常ないですよ」と言われると、「こんなに苦しんでいるのだからそんなはずはない」とまた、次の病院に連れて行ったのです。

「精神的なものでしょう」ということで、結局は心療内科にまわされるのですが、私たちはそういうことを言う医者はやぶ医者だと思っていました。いや、思いたかったのです。

ずいぶんと検査を重ねたのですね？　よしおくんにとってはかえって不安になる状態だったのではないでしょうか？

よしおママ　そうなのです。それに気づかなかったんです。私も主人も自分たちの感情でいっぱいいっぱいになっていて、よしおの感情に気づくゆとりをもてなかったのです。あとでわかったことですが、よしおは部活でレギュラーをはずされたり、友だちとうまくいかなかったりで、学校でとてもつらい気持ちになっていて、それで学校に行きたくないと思っていて、そのために頭痛が起こっているということだったんです。
それなのに、私たちが「きっと脳腫瘍だ」と過剰に心配して、大病院を連れまわして検査づけにしたので、そのうちに、自分は「何かとんでもない病気」なんだという不安でいっぱいになってしまったようで、そのためにますます頭痛は治らないという悪循環になっていたのです。

もしも脳腫瘍だったらそれこそ大変なことですが、なぜ、「精神的なもの」よりも身体の病気であることを願ってしまっていたのでしょうか？

よしおママ　ほんとにおろかなことです。身体の病気ではないことはこんなにもありがたいことなのに、「精神的なもの」つまりいわゆる「不登校」であるということを受け入れることが、私にとっても主人にとってもとても恐ろしいことだったのだと思います。そのために、よしおをもっと苦しめることになってしまいました。

わが子が不登校になるということは、あってはならないことだったのですね。

よしおママ　はい。「不登校」になるということは、親の育て方が悪かったんだということなのだと思っていましたから、「わが子は不登校なんだ」ということを認めるということは、「私たち親が失敗したんだ」ということを認めなければならないような気分になってしまっていたんだと思います。
当時はそんなことも意識できなくて、ただただ、大きな不安に突き動かされて、身体の病気の診断を求めてさまよっていました。

仮に「私たち親が失敗したんだ」ということを受け止めるとして、そのことを受け止めるときの恐怖は、どこからやってくるものなのでしょうか？

よしおママ　やっぱり、わたしも主人も失敗のない人生を送るということにずっと価値をおいてきましたし、そう育てられてきたからなのでしょうね。主人はまさに企業戦士なのです。病気をした同僚は出世のラインからはずされていきます。その中でミスを犯さず、健康も害さず、完璧に存在して生き延びていかなくてはいけない、そういう世界で生きています。

ですから、主人にとっても、わが子が「不登校」になり、進学のラインからはずれる道を歩むことは、自分の汚点であるかのように感じていたのだと思います。

わたしは、親から完璧であることを求められて育ってきましたし、いまも実母から「あなたはちゃんと子育てできているの？」とチェックがはいりますから、親から否定される恐怖を抱えていたのだと思います。

おそらく、無意識に「身体の病気」であってくれれば、それは予期できない不幸であって、私たちの落ち度ではない、と思えてらくになれるのだと感じていたのだと思います。

親自身が追いつめられた中で必死に生きていたということなのですよね。そのような状態にあったとすると、よしおくんとご両親との間では、身体の病気であれば、受け止められるけれども、弱音を吐いたりすると受け止めてもらえないという関係が存在していたのでしょうか？

よしおママ　そうです。ふりかえってみると、思いあたることがたくさんあります。よしおは一人っ子なので、早く社会性を身につけさせなければとあせっていて、三歳で幼稚園にいれました。三月生まれなので、三歳になったばかりで、他のお子さんと比べてもとても幼くて小さかったのです。入学してから少し経つと、毎日泣いて、幼稚園に行きたくないと言いはじめました。

でも、私はここで甘えを許したら、いやなことから逃げる子になってしまうのではないかと思って、むりやり連れて行きました。幼稚園から帰ってくると、爪の下の皮が全部はがれているような状態だったので、不安でかじっているんだろうとは思ったのですが、「社会性を身につけさせるためにはがんばらせなくちゃ」と思って休ませることができませんでした。そうしているうちに、嘔吐を繰り返すようになり、小児科の先生から休ませたほうがいいと言われて、休ませることにしました。

いま思うと、いやだって言ってもきいてもらえないから、身体が反応したということなのだということがわかります。それからは、小学校にはいってからも、いやだと言って泣くようなことは一切なかったのです。腹痛や頭痛になることは時々ありました。そういうときは、すぐ休ませていたので、よしおは、つらいことがあると身体症状で訴えるという習慣ができていたのだと思います。


三歳くらいの幼いお子さんの場合、「いやだ」と泣いて訴えてそれをきいてもらえると、「いやだ」という言葉を使うことが有効だという学習をするという段階なのですね。そこで「いやだ」と言葉を使うことは無効だという学習をしてしまうと、そのかわりに賢い身体が症状を出してくれて、身体を守るわけです。そうすると、自分の身体を守るためには、身体症状で訴えることが有効だという学習をしてしまうことになりますから、つらいことがあったときに、言葉で訴えるのではなく、身体症状で表現するということが定着してきます。それが「精神的なものですね」と言われる身体症状です。

ですから、自分のつらさ、怒りや悲しみや不安や不満などを言語的に表現することができ、それを受け止めてもらえるようになると、身体症状も出なくなるし、そもそもの問題も解決していくということにつながります。

よしおママ　ほんとにそのとおりのプロセスを経て、よしおは乗り越えていきました。私たち夫婦はカウンセリングを受けることを通して、自分自身の不安がいっぱいだったために、よしおが何に苦しんでいるのかということにまったく目を向けることができていなかったことに気づきました。よしおが何に苦しんでいるのかに目を向けてみると、「自分はとんでもない病気になってしまったのではないか」ということで苦しんでいたのです。

よしお自身もカウンセラーの先生と話をすることを通して、自分は健康で、中学生によくある悩みを悩んでいただけだということを受け入れられるようになり、落ち着いていきました。

親ごさんが、お子さんの症状が精神的なものだということを受け入れるということは、親ごさん自身にも大きな変化をもたらすものだったと思いますが、そのような大変な仕事を成し遂げることが、どうして可能だったのでしょうか?

よしおママ

そうですね。むずかしい質問です。子どもを助けなくてはならない、という必死さが根底にはありました。子どもを愛しているからとも言えると思います。主人とも話すのですが、結局、いまとなってみれば、私たちがよしおに救われたところがあるのです。主人の働き方は変わりました。価値観が変わったところがあるのだと思います。主人は、競い合うことに命をかける生き方に、自分自身でも疑問を感じながら、そのレールから外れられない状態にあったわけで、少しふっきれて自由な気分で働けるようになったのではないでしょうか？

私は、この年になって、母親に反抗できるようになったんです。いままでは、干渉がうっとうしいと思っていながらも、子ども時代からの延長で「よい子」をしていて、親の期待に応えようとしている自分がいました。よしおの不登校を受け入れることを通して、母に「私は私なりに一生懸命やっているのだから、干渉してこないで」とはっきり言うことができました。

でも、意外なことに母は「あら、そう。あなたも大人になったのねぇ」とあっさりとしたものだったのです。そんなことを言ったら、叱られるんじゃないか、もっと干渉されるんじゃないかって思っていたのは、私自身が子どものままだったからなのかもしれません。結局は相互作用なのでしょうね。私が大人のふるまいをすれば、母もそれでいいみたいなのです。私が従順にしていたから、母もいつまでも心配していたという側面もあるんだなぁとつくづく思いました。

よしおくんの挫折を受け入れることを通して、ご両親ともに、より自由に生きていくことができるようになったのですね。

よしおママ　渦中にあるときは、そんなこと微塵も思えないのですが、私たちは子どもを愛しているからこそ、その気持ちがある限り、きっと乗り越えていけるのだと思います。

4　たかこさんの場合

――リストカットしていても学校に行ってくれさえすればいいいんです――

たかこママ　たかこが中二のときのことでした。学校で手を切ったということで病院に行ったという連絡を受けたのです。何か事故にでもあったのかと心配して、駆けつけると、自分でカッターで切ったというのです。

「なんで？　そんなばかなことをして！」と腹が立ちました。縫合してくれた医者は、そのほかにも傷あとがたくさんあって、「はじめてではないですよ、いつもやっているようですよ。きちんと精神科で診てもらってください」と言うのです。「この子はなんていう恥をかかせてくれるんだ！」と腹が立って、腹が立って仕方ありませんでした。

それまではまったくお気づきではなかったのですか？

たかこママ　はい。明るくて元気にしていましたから。リストバンドをはめているのは見ていましたが、テニスの選手のまねをして格好をつけているのだろうとしか思っていませんでした。

養護教諭の先生は気づいていたようで、中一の後半からじゃないかと言っていました。病院に運ばれたときは、たかこが言うには、いつものようにトイレでやっていたら、手がすべってたまたま深くなっちゃって、血がとまらなくなってしまって「こりゃまずい」と思って保健室に行ったということでした。もともと深く切るつもりじゃなくって、死ぬつもりはぜんぜんないって、けろっとして言うんです。

だからもう私も「ばかなことするんじゃないよ。こっちだって忙しいんだから!」って、怒鳴りました。

たかこさんはどんなお子さんだったんでしょうか?

たかこママ　そうですね。たかこは、勉強も比較的できる子だったし、部活も一生懸命で、あいそもいい子で、まわりからいつも「いいお嬢さんね」と言われるものですから、私の自慢の娘でした。手がかからず、なんでもちゃんとやってくれるので、それが当たり前になっていたんです。

だから、リストカットしていると知ったときに、たかこの気持ちを考えるよりも、「私に恥をかかせて」という裏切られた思いしか湧いてこなかったんですね。

自慢のお嬢さんであったことで、お母さんが支えられてきた部分が大きかったのですね。お母さんのどんな部分が支えられてきていたのでしょうか？

たかこママ　結局そこなんですよ。私は、たかこが「よい子」でいてくれることで、見たくないものを見ないでいることができたんです。その部分で支えられていたのです。たかこが「よい子」でいてくれるということは、私の家族がうまくいっているということの証であって、たかこが「よい子」でいてくれるから、いまの家族を維持していこうと思えていたということなんです。

だから、最初、私はカウンセラーに相談に行って、手を切っているからといって、死ぬわけでもないし、それで気持ちがすっきりして学校に行ってくれるんだったら、それでもいいかなとさえ、思ってしまっていました。いまの状態が変わらずにあるのだったら、たかこが手を切っていることくらい、なんでもないことのように感じてしまっていたのです。それにたかこは、変わらず、明るくてちゃんとしていましたから、リストバンドの下に傷があるという現実をないことにすることは、容易なことでした。

子どもがリストカットをするときは、自分の身体の中から、怒りや悲しみや不安などのエネルギーの塊が溢れてきて、恐ろしい感じに襲われているものです。それでその状態から逃れるために、リストカットをします。そうすると、いつもの大人から期待されているよい子モードの自分に戻ることができるからです。

たかこさんは、どんな怒りや悲しみや不安を抱えていたのでしょうか？

たかこママ　たかこは、山ほどの苦しみを抱えていたようです。たかこが見たくないと思っていた怒りや悲しみは、私が見たくないと思っていた怒りや悲しみでもありました。たかこはそれに加えて、学校での友人関係や勉強などのストレスを抱えていたと思います。

結局、私はたかこの苦しみに向き合おうとしたときに、自分の見たくない問題とぶつからなければなりませんでした。そして、離婚する決心をしたのです。

ご主人のことで長いこと苦しんできたのですね。

たかこママ　はい。何度もやり直そうとして努力してきましたが、家族を維持しようとして努力するということは、私自身が自分の痛みをないことにして感じないようにして、何も問題はないと否認することでした。主人は、暴力をふるう人でした。いわゆるＤＶ（夫婦間暴力）です。これまでも何度も離婚を考えましたが、私のパート収入では生活が厳しいという不安もあり、たかこがよい子でいてくれる限りにおいては、「ふつうの家庭」を維持して、ちゃんと父親がいるという状態を維持していたほうが、たかこのためでもあると思ってきました。

でも、たかこは見てきているのです。中学生になって、いろんなことがわかるようになって、父親が暴力をふるう姿を見ているということ、そのことへの怒りや悲しみはないことになっている家族の中で、混乱してきたのは、当たり前のことでもありました。私が、怒りや悲しみを自分自身に認めない限り、たかこが自分自身の中のネガティブな感情を統合することはできないだろうと、思ったのです。しかし、私が自分自身に怒りや悲しみを認めてしまうと、離婚するしかないということになります。そこで、私はそれを見たくなかった。見ないで暮らしていけるのであれば、そのほうがいいと思っていたのだと思います。

だから、たかこさんがリストカットをしていることを知ったとき、腹が立ったのですね。お母さんが長年にわたたって、努力して維持してきているものを、一気にぶち壊されるような気がしたのですよね。

たかこママ　そうだったんでしょうねぇ。いま考えると、なんてひどい母親なんだろうと思いますけど。たかこは結局、私を救ってくれたんです。たかこを見てくれていたスクールカウンセラーの先生の話では、最初のころはまったく明るい話しかできなくて、悩みを話せなかったそうですが、私がちょうど離婚を決意して、たかこにも自分の思いを話しはじめたころから、たかこもカウンセラーの先生に父親のことや自分の苦しみについて、語ることができるようになったそうです。

不安になると、手を切りたくなるという状態はしばらく続いていましたが、しだいに、私との生活が落ち着き、私に不安なことを話せるようになってくると、手を切ることもなくなっていきました。

お母さんが自分の中で否認している怒りや悲しみや不安などのネガティヴな感情を、ご自身で受け入れることによって、たかこさんも、その感情に触れられるようになり、カウンセラーの援助も受けて、怒りや悲しみを抱えていても安全でいられる状態へと成長することができたのですね。親子のつながり、親子の力は強いものですね。

母親が自分の人権を守ろうとすることは、子どもをも救うものなのです。子どもが幸せになるためには、親も幸せであることが必要なのです。

第5章　大人の義務と責任

本章では、この本に託している私の思いを記しておきたいと思います。

1 「ちゃんと泣ける子」という「よい子」を求めてしまわないために

「ちゃんと泣ける子に育てよう」ということ。この本の中で、子育て中の親ごさんにどうしてもお伝えしたかったことです。しかしながら、読者のみなさんにとって本書が、「よい子」に育てるためのマニュアルになってしまうことをなんとか避けたいと思いながら、書いてきました。

「ちゃんと泣ける子に育てる」ことがなぜ大事なのかということをお伝えするために、ネガティヴな感情が社会化されずに、解離様式によって適応している「よい子」はいずれ危機を抱えてしまうということを解説してきました。よい子に育ててきたはずなのに突然に別人のような顔つきになって攻撃的な姿をみせる子どもたちは、大きな「なぜ?」に包まれています。その「なぜ?」をひも解き、子どもたちの心の痛みを理解するためには、まず、このような原因論的な説明も必要だろうという判断からです。

ところが、このような原因論的な直線的な解説の仕方は、「じゃあ、乳幼児健診でそのことを親にちゃんと教えれば、みんながよい子に育ち、事件を予防することができるのではないか」と受け止められていく可能性を含んでいます。実際、講演会などでお話をさせていただいたあと、そのようなご質問や要望を受けることがあります。

また、結局は「親が悪い」「親の責任」という言葉のもとで、すべてが片付けられてしまい、子育て中の親たちの「よい子に育てなくちゃというプレッシャー」をより高めてしまうという社会の悪循環をも招いてしまう可能性もあります。そのような誤解を極力避けたいとの思いから、本書では、親ごさんたちとの対話という形を創作することを通して、伝えたいことが伝わる工夫をしてみたつもりです。

私がお伝えしたいことは、第4章に登場する親ごさんたちの力、子どもと向き合い、子どもの苦しみも自分の苦しみもないことにしないで自己を変革していくことができる力のすばらしさです。その力は、わが子を愛している多くの親たちが潜在的にもっている力だと思っています。しかしながら、現状においては、その力は残念ながら、子どもが大きな苦しみを抱えてしまってからはじめて発見されることがほとんどなのです。だから、その力を子どもが犠牲になる前に発見できればいいなと、そういう思いで本書を書きました。

子どもは、安定した大人の前でしか、泣けないのです。ですから、「ちゃんと泣ける子に育てよう」というメッセージは、私たち大人が苦しみや痛みから逃げないでいこうというメッセージでもあります。そういう意味で、副題に「親には感情を育てる義務がある」という強い言葉をいれました。

いま、問われているのは、私たち大人が苦しみから逃げないで、向き合っていく覚悟をもてるかということだからです。

2 「無痛文明」と私たちの子育て

「将来問題を抱えるよい子」に育てないためにはこうしたほうがいいという話はすべて、「本当のよい子」に育てるためのマニュアルとなってしまい、その「本当のよい子」をめざしていった先には、やはり「将来問題を抱えるよい子」が育ってしまうという社会の流れの中で、私は本書を書くことで、結局は子どもたちを苦しめていく流れに加担してしまうのではないかという恐れを抱いていました。しかも、出版社が本を売るというためには、そのような社会のニーズに乗せることが必要という皮肉さえ存在しているわけです。

そんなとき、そういう自縛的な窒息状況を明快に解きほぐす本と出合いました。大阪府立大教授森岡正博氏の『無痛文明論』(トランスビュー、二〇〇三年)という思索です。無痛文明にある現代の社会背景を理解すると、私たちがどんな落とし穴に落ちようとしていたのかが、わかります。森岡正博氏の思索を引用しながら、子育てについて考えてみたいと思います。

森岡正博氏は、「われわれの中には、快楽や快適さや安楽さを求め、苦しみや痛みやつらさなどをできるかぎり避けようとする欲望がある」と言い、これを「身体の欲望」という言葉で表現しています。この「身体の欲望が、われわれの文明をつき動かす原動力」であり、世の中は無痛化するように進化してきていると言います。

私たちの文明は確かに、便利で楽なことをめざして進化し続けています。そして私たちはその恩恵の中に生きています。暑さから逃れるために冷房が普及し、しかし、都会では室外機の熱風とアスファルトの相乗作用でヒートアイランドとなり、そしてますます、冷房のない状態はありえなくなり、環境問題の深刻さはわかっていながらも、冷房がゆるくてむしむしすれば、不満を抱きます。確かに文明は、私たちが便利で楽に快適に生きていけるように発展進化してきているわけです。

「無痛文明においては、苦しみやつらさというものは、われわれがみずから選び取ることのできる選択肢としてのみ存在する」と言います。たとえば、出生前診断によって、胎児の重い障害がわかったとき、文明はその存在を最初からなかったことにする方向へと動いています。あえて生むという選択をするということは、「苦しみを選択した」という文脈におかれるような文明に、私たちは生きているのです。そのようにして「無痛文明において高度に発達するのは、

『予防的無痛化』の仕組みである。すなわち、いま存在する苦しみを消すだけでなく、これからわれわれを襲うであろう苦しみをあらかじめ、用意周到に予測しておいて、その苦しみを将来生みだす原因となるであろうところのものを、いま、ここで予防的に次々と存在抹消していくのである」。

私たちは、この無痛文明の中で生きているのです。そう考えると「昔だって子どもたちのネガティヴな感情が大事にされてきたわけではないのに、どうして今の子どもたちはそんなにも脆いのでしょうか？」という質問に対する答えが見つかります。おぼろげに現代社会のもつさまざまなひずみが、子どもたちの発達に危機をもたらしているのであろうことは想像がつくことですが、「無痛文明」が加速化していることが人間に与えている影響についての思索は、私が臨床を通して切実に感じている危機感に言葉を与えられたという感覚をもたらしてくれました。

大人はこの無痛文明の中で常に「不幸にならないように、苦しみがないように」予防的に手を打って生きています。そしてその恩恵の中で生きている存在なのです。森岡正博氏はそれを「共犯関係」と指摘します。そのとおりだと思います。私自身も無痛文明の恩恵を受け、それを促進する共犯関係の中に組み込まれて生きています。

森岡正博氏は無痛文明論の中で、たとえば、出生前診断の技術が進むことによって、訪れるであろう「生命の品質管理」がもたらす「条件づきの愛」の問題を鋭くえぐっています。この「条件づきの愛」は、親たちが理想の子を求めて「よい子」に育てたいと必死になっている現代の子育ての背景でもあります。もしも今後の文明の進化の中で、遺伝子レベルでの「理想の子」が実現されるようになれば、その育ちのプロセスにおいて、もっと悲劇が起こることは想像にかたくありません。「理想の子」になるように遺伝子操作された子どもは、親の意に反して泣いたり、怒ったりすることはますます許されないことになっていくことでしょう。

子どもたちは本能的に、無痛化とたたかっているのでしょう。大人は子どもを愛しているからこそ、わが子を苦しみにさらさないために予防的無痛化を試みます。苦しくない、悲しくない、怖くない、いつも楽しくてにこにこしていてほしい。そのために、さまざまな手をうちます。

ところが、本書でも繰り返し述べてきたように、苦しい、悲しい、怖い、憎たらしい、腹が立つ、と感じる子ども自身の感情は、身体から溢れてくる生理現象なのです。その生理現象を無痛化されることに、子どもたちはさまざまな抵抗を示します。子どもには、生命の力が豊かに宿っているからです。苦しみを感じて登校できない子は、学校に行くことで無痛化を強いられることへ抵抗している子です。感情を封印してよい子になる子は、一時的に無痛化することを受け入れた子ですが、生命の力はあとで反乱を起こします。子どもたちは、私たち大人に必死で警告してくれているのです。適応しながらリストカットする子どもたちや荒れる小学生の増加は、それを意味しています。

第4章でご紹介した親ごさんたちの姿は、子どもの問題と正面から向き合って、苦しむことから逃げずに、子どもとともに痛みを感じながら生き延びることができることを教えてくれたものです。その生きぬいていく力は、子どもを愛する思いの中から生まれてきます。

私は、信じています。どんな時代になっても、私たちがわが子を大事に思い、かわいいと思い、愛している限りにおいて、私たち大人は変化することができるのだと。そこに唯一の道があるのだと、私は信じています。その意味において、本書では、「親の子どもを育てる責任」というところに強調点をおきました。それは決して、「親の責任」を追及するという意味での「責任」ではありません。親には子どもを守り育てる力があるのです。私は、それを信じています。

3 「受容」の誤解

心のケアやカウンセリングという言葉が一般化してきた中で、カウンセリングにおいては、「受容」が重要だということがずいぶんと知られるようになりました。確かに、心のケアやカウンセリングのプロセスにおいて「受容すること、受容されること」はきわめて重要です。「学校に行きたくないと言っているんです」という親の訴えに対して、カウンセラーは「お子さんの気持ちを受容してあげましょう」と応じるものだという理解が、一般的になされているように思います。不登校の増加が社会問題化する中で、子育てや教育においても、子どもを受容するということの重要性が注目されてきました。それは望ましいことではあります。しかし、この「受容」という言葉、そしてそれからイメージされる態度には、誤解が多くつきまとっているのです。

私たちは、自分の苦しみを他者に語ったときに、無条件に受容してもらうことができるととても落ち着いた気持ちを体験することができます。しかしながら、この「無条件に受容する」ということが、一般には「何でも許す」とか「とにかく楽になればいい」という誤解、もしくは幻想を伴って理解されてはいないでしょうか？　苦しみや葛藤に向き合わずに避けるために都合のよい方便として「受容」が使われていないでしょうか？　もしもそのような「受容」が社会に蔓延していけば、カウンセリングという理念もまた、無痛文明の装置として無痛化の手伝いをするために社会に存在しているということになるでしょう。カウンセリングという仕事が、社会に認知されるためには、無痛文明の装置として機能しなければならないという宿命があるとも言えるのかもしれません。

「受容」の誤解は、しつけと受容があたかも両立しないかのような状況をも生み出します。しつけとは、次の三つの要素から成り立っています。①子どもの発達を保証するために必要な枠組み、②枠組みにはまりたくない子どもが表出する不快感情、③子どもの不快感情を受容しながら、枠組みは崩さない大人の優しい強さ、の三つです。①の枠組みとは、睡眠時間や、バランスのよい食事や、生活リズムに関する親子のきまりを意味しています。それは子どもの心身の健康のためのきまりであり、その枠組みには、年齢相応の妥当性があることが重要です。

たとえば、小学校一年生に五時に帰宅することを要求することはしつけの枠組みとして妥当ですが、中学三年生に同じことを要求するのは、妥当ではありません。このように枠組みは、発達年齢に応じた妥当性がないと、しつけと虐待が紙一重の状態になってしまいます。また、父親の帰宅に合わせて小学生を夜一一時まで起こしておき、一一時に寝ればよいという枠組みになっている場合、それは子どもの心身の健康のためのきまりではなく、親の都合にあわせたきまりなので、しつけとして成立しないことになります。通常、しつけとは、この①のみを意味していると思われがちですが、しつけは②③の要素との組み合わせで成立するものなのです。

子どもの成長発達を守るための枠組みであっても、子どもはその枠組みにぶつかり、不満を感じて、不快感情を表出します。つまり、いやいや、ぐずぐず、泣く、怒る、といった「困ったちゃん」の姿を示します。不快感情を示す子どもが健康であることは、これまで述べてきたとおりです。ここで、不快感情を表出できない状態になっていると、そもそもしつけが成立しないことになるとも言えます。この②の段階があって、その上で、不快感情は受容するが、枠組みは動かさないでいられる大人の存在によって、子どもはしつけられるのです。この③の段階は、ネガティヴな感情の社会化の段階にあたります。受容とは、だめなものはだめというところは崩さないまま、しかし、子どもの不快感情を抱きしめることができるということを意味しています。しつけが成立するためには、大人が大人で居続けられる優しい強さが必要なのです。恐怖を与えて子どもをコントロールすることは、しつけではありません。ですから、しつけと受容は対立するものではなく、子どもを愛するという行為の中に自ずと実現するものなのです。

「受容する」というのは、大変に厳しいものなのです。苦しみを受容するということは、「苦しみを苦しめるようにする」というある意味、残酷な側面を伴う仕事です。無痛化されていく社会の中で、私たちはますます苦しみを苦しめなくなり、悲しみを悲しめなくなっています。苦しみを見つめ、苦しみを苦しむことに寄り添おうとするとき、そこにはじめて受容が生まれます。そういう意味で受容された人は、みずから、光を見出していく力を得ます。親子の間における受容も同じです。子どもの苦しみを親が苦しむことができるようになったとき、子どもは自分の苦しみを半分にすることができ、光を見出していくことができるのです。

ちゃんと泣ける子に育てましょう。泣ける子は、人を信じることができる子です。泣ける子はこころの自然治癒力の備わっている子です。泣ける子は、身体の力で自分の不快感情を安全に抱えることのできる子です。それはすなわち生きる力を備えた子なのです。

あとがき

私自身の子育ても、息子の高校卒業を目前にして、終盤にさしかかろうとしています。

子どもが小さいころには、早く大きくなってほしいと思ったものですが、いまとなっては、どうにかして時間を止められないだろうかと願ってしまいます。子離れが、こんなにも喪失感を伴うものであるということは、経験するまで想像できないことでした。

最近、かぐや姫の物語は、子育てについての教えなのだと、気づきました。竹の中からお預かりしたお姫様をどんなに大切に育てても、結局は月の世界へと旅立たれてしまう。手元にとどめるために理想的な婿選びをして、どんな手を打っても、結局は親の思いどおりにはならない。これは「子育てとはそういうものですよ」という、古人の教えなのですね。私たちに、たとえ自分で生んだわが子であっても、竹の中からお預かりして二〇年間育てる役割をいただいたにすぎないものなのだということを教えてくれているのでしょう。

息子が小さかったころ、ザリガニを飼っていました。そして、お腹にびっしり抱えていたたまごから、かわいい赤ちゃんザリガニが生まれました。赤ちゃんザリガニは、水槽の中をゆらゆらと動きまわっていますが、ちょっと水槽をゆらすと、あわててママザリガニのお腹の中にぶらさがります。ママザリガニも子どもたち全員が戻って来やすいように尻尾を上にあげ、全員そろうと尻尾をまるめて子どもたちを守ります。赤ちゃんザリガニとママの絆は強いんだなぁと感動しました。

ところが、何日か経ち、赤ちゃんザリガニがちょっと大きくなり、体に甲羅がある感じがはっきりとしてきたころ、突然、ママザリガニは子ザリガニを食べはじめてしまったのです。子どもが成長したある日突然、親離れ子離れがはじまったのです。自然界であれば、子ザリガニは自立して、もうママのお腹には戻らない時期なのでしょう。その時期になるとそこにいる子ザリガニをもうわが子とは認識しないようにDNAに刻み込まれているのか、狭い水槽の中では、ママザリガニはわが子をなわばりに侵入したよそものと認識してしまうようでした。きょうだいザリガニも共食いをするので、結局、生き残った子ザリガニを一匹ずつ別々に水槽にいれなければならなくなり、我が家はいちごのパックを並べたザリガニ養殖場のようになりました。

人間の目から見ると残酷に見えますが、しかしザリガニのようにこのくらいきっちりと子離れする覚悟もまた、いまの時代に生きる私たちはもたなければならないのかもしれません。働かない成人した子どもにお金を与え続ければ、ますます働きません。しかしながら、私たち親はお金を与えないと自分自身が不安で心配でたまらないのです。子どもが青年期になってからは、もう親が抱きしめることで助けてやれるということはなくなります。成長した子どもにとっては、親の介入は残念ながら重荷でしかなくなります。親の期待という重荷で、苦しみ続けている大学生がたくさんいます。

本書には、子育ての覚悟を書きました。これからの私の課題は、子離れの覚悟です。

生きようとして必死にもがいている多くの子どもたちが、安心を得て、すこやかに育っていけることをこころから願っています。

最後に、本書の企画をすすめてくださった編集部の初鹿野剛さんに感謝申し上げます。

2005年11月15日

大河原　美以

著者紹介

大河原美以（おおかわら・みい）

東京学芸大学名誉教授。臨床心理士・公認心理師、博士（教育学）。2021 年に大河原美以心理療法研究室（https://mii-sensei.com）を開設。1997 年より東京学芸大学助教授、2007 年より 2021 年 3 月まで教授。専門は、親子の心理療法・家族療法。

著書に、『怒りをコントロールできない子の理解と援助――教師と親のかかわり』（金子書房、2004 年)、『子どもたちの感情を育てる教師のかかわり――見えない「いじめ」とある教室の物語』（明治図書出版、2007 年)、『子どもの「いや」に困ったとき読む本』（大和書房、2016 年)、『子どもの感情コントロールと心理臨床』（日本評論社、2015 年)、『子育てに苦しむ母との心理臨床――EMDR 療法による複雑性トラウマからの解放』（日本評論社、2019 年）『いやな気持ちは大事な気持ち』（山本実玖・絵、日本評論社、2021 年）などがある。

ちゃんと泣ける子に育てよう
親には子どもの感情を育てる義務がある

2006年1月30日　初版発行
2024年9月20日　新装版初版印刷
2024年9月30日　新装版初版発行

著　者　大河原美以

カバーデザイン　松　明教
カバーイラスト　添田あき

発行者　小野寺優
発行所　株式会社河出書房新社
〒162-8544
東京都新宿区東五軒町2-13
電話 03-3404-1201（営業）
03-3404-8611（編集）
https://www.kawade.co.jp/
組　版　KAWADE DTP WORKS
印　刷　株式会社暁印刷
製　本　小泉製本株式会社

Printed in Japan
ISBN978-4-309-29436-0
落丁本・乱丁本はお取り替えいたします。